为·师·授·业·丛·书

# 为师篇：

# 教师礼仪漫谈

## 上

张枫◎编著

中国出版集团
现代出版社

**图书在版编目（CIP）数据**

为师篇:教师礼仪漫谈（上）/ 张枫编著. —北京：现代
出版社, 2014.3

ISBN 978-7-5143-2139-5

Ⅰ.①为… Ⅱ.①张… Ⅲ.①教师礼仪-通俗读物

②教师礼仪-通俗读物 Ⅳ.①I-49

中国版本图书馆 CIP 数据核字（2014）第 008510 号

| | |
|---|---|
| **作　　者** | 张　枫 |
| **责任编辑** | 王敬一 |
| **出版发行** | 现代出版社 |
| **通讯地址** | 北京市安定门外安华里 504 号 |
| **邮政编码** | 100011 |
| **电　　话** | 010 - 64267325 64245264（传真） |
| **网　　址** | www.1980xd.com |
| **电子邮箱** | xiandai@cnpitc.com.cn |
| **印　　刷** | 唐山富达印务有限公司 |
| **开　　本** | 710mm×1000mm　1/16 |
| **印　　张** | 16 |
| **版　　次** | 2014 年 4 月第 1 版　2023 年 5 月第 3 次印刷 |
| **书　　号** | ISBN 978-7-5143-2139-5 |
| **定　　价** | 76.00 元（上下册） |

# 目　录

## 第一章　教师的公德礼仪

## 第二章　教师的仪表礼仪

# 第三章　教师的语言礼仪（上）

# 第一章　教师的公德礼仪

## 第一节　社会公德

　　我们每一个人，在社会中要得到生存和发展，就必然会在人与人、人与社会之间发生各种各样的关系。为了协调种种关系，让人们共同生活得更幸福、更美好，就需要确立一些被绝大多数人所接受并遵守的社会生活的共同准则，这就是社会公德。

　　自古以来，任何一个国家都有社会公德，并以此来维护民族团结、社会安定，促进社会进步。一旦社会公德被破坏，必然导致人们行为失范、社会混乱，最终受害的还是广大群众。遵守社会公德是利国、利民、利己的好事。如果认为讲公德吃亏，大家都只顾自己，吃亏的将是所有的人，也包括自己。比如，在一个居民小区里，大家都乱倒垃圾，弄得臭气熏天，蚊蝇孳生，闻臭味的还是小区里的所有住户。如果大家都保护环境卫生，受益的则是每家每户。

　　如果有一家只顾自己，这家就成了害群之马。可想而知，一个人如果从小自私自利，只顾自己，不顾社会，不顾他人，这个人能在社会上立足吗？哪个群体会欢迎这样的人呢？凡是有人群的地方，对自私自利都是嗤之以鼻的。在学校里，自私自利、不讲社会公德的教师在集体中是不可能有地位的，没有哪个同事愿意和他交朋友；更难谈会得到学生的认可与尊重了。他的处境一定是十分尴尬的。因此，每个人都必须从小养成遵守社会公德的良好习惯。

（1）爱护公共财物

首先，要爱护公家的财物。做到公私分明，不占用公家的财物，不化公为私。但在实际生活中，有些人在单位或学校里不爱护桌椅、器械、器材和其它一些公共设施、设备；有些人在家里千方百计节约用电、用水，而在单位或学校却对"长明灯"、"长流水"满不在乎，视而不见；有些人甚至随意占用公家财物，并认为"公家的东西不拿白不拿"等，虽然有这种不良习惯的人不见得会被别人排斥，但这些恶习却对国家造成了损失，是一种可耻的行为。教师一定要教育好自己的学生，不要让学生有这种不良行为。一旦发现要及时教导学生纠正，以免发展成为习惯。

其次，要爱护公共设施。如电话亭、路灯及有关通信线路、交通设施、文物古迹等。有些人不注意爱护公共设施，我们经常遗憾地看到，街头的路灯、电话亭或公益广告牌被故意损坏，宣传橱窗的玻璃被人为破坏，公园内新设置的一些雕塑有的已经成了"残废"，有些人随意在公园、文物古迹等处"信手题词"，有的人甚至把公共设施视为"发财致富的途径"。恶意偷盗井盖，导致夜间行人受伤致残。这些都是令人不齿的、不可为的行为。父母要教育自己的孩子一定要爱护所有的公共设施，而不要去人为地破坏它、损坏它。

（2）遵守公共秩序

公共秩序代表了大家的共同利益和共同愿望，它是社会文明的标志，是一个人有道德的表现，只有大家都遵守公共秩序，我们才能有一个秩序井然、安定；文明的社会环境，才能使我们的学习、生活正常进行。所以，每一个中小学生都要严格要求自己，在公共场所要自觉遵守有关规章制度和纪律，无论是在室内，如会议室、影剧院、商场、图书馆，还是在室外。如体育场、公园、公共汽车上，都一定要按规定办事，不为个人利益而破坏规定。尤其是看到有人破坏规定时，不要出于从众心理也跟着去做。而应该劝阻那些违规的人。

（3）维护公共卫生

有些人不讲公共卫生，主要表现有：随地吐痰，随处吸烟，随地大小便，乱扔纸屑烟头，乱扔果皮杂物，乱泼脏水，乱倒垃圾，甚至有的公然破坏环卫设施，如故意砸烂路边的垃圾桶，在公厕里乱写乱画等。这些都是公共卫生意识差的具体表现。要维护好公共卫生，作为中小学生，首先要积极参加卫生宣传和健康教育活动，从而增强维护公共卫生意识和卫生防病意识，提高自我保护能力。其次要自觉遵守公共卫生基本规范，革除各种不良卫生陋习，自觉克服不良卫生习惯。维护公共卫生，养成文明健康的行为举止。坚决做到不随地吐痰，不吸烟，不随地便溺，不乱扔东西，不乱泼脏水，不乱倒垃圾。还要敢于同违反公共卫生规范的人和事作斗争。

（4）保护公共环境

环境和资源是人类生存和发展的基本条件。能不能有效地保护环境。关系到每个公民的生活质量和切身利益，关系到人们的安居乐业。关系到我们的子孙后代能否持续发展。保护环境，就是保护我们自己。保护环境不仅是我国的一项基本国策，也是社会公德的一项基本要求。所以，每一个人都要树立"保护环境，人人有责"的观念，从自己做起，从身边的一些小事做起，努力养成有利于保护环境的生活习惯和行为方式，如不乱倒垃圾、污水，不破坏花草树木，不损坏各类环境卫生设施等。此外，还应积极参加植树造林，保护绿化成果，大胆揭发或制止破坏环境、污染环境的人和事。

社会公德，是指在人类长期社会实践中逐渐形成的、要求每个社会公民在履行社会义务或涉及社会公众利益的活动中应当遵循的道德准则。在本质上是一个国家，一个民族或者一个群体，在历史长河中、在社会实践活动中积淀下来的道德准则，文化观念和思想传统。它对维系社会公共生活和调整人与人之间的关系具有重要作用。与"私德"相对，这里的"公德"是指与国家、组织、集体、民族、社会等有关的道德，而"私德"则指个人品德、作风、习惯以及个人私生活中的道德。

遵守社会公德总的来说要注意以下几点：

（1）文明礼貌

社会公共生活中人与人之间应该和谐相处，举止文明以礼相待。自觉杜绝说脏话、随便猜疑、欺骗他人等恶习。这是处世做人最起码的要求。

（2）助人为乐

助人为乐，见义勇为是社会成员在公共生活交往中用以调整相互关系的最一般的行为规范之一。在公共生活中，人与人之间应该团结友爱，相互关心，相互帮助。爱人者人恒爱之，信人者人恒信之。现实生活中不可能人人都时时快乐、事事顺心，难免会遇到这样和那样的困难和问题，总有需要人帮助、救济的时候。这就需要人们之间互相帮助，扶危济困，乐善好施，以助人为乐。对不法行为，每个公民都应当分清是非，挺身而出，智斗勇斗，见义勇为，都有责任和义务自觉维护社会治安。

（3）爱护公物

爱护公共财物是社会公德极其重要的内容。尤其在公共场合更要注意这一点。要爱护国家及公共财产不受侵犯。

（4）保护环境

为了保持社会公共生活的环境整洁、舒适和干净，保障社会成员的身体健康，每个公民都应当讲究公共卫生、保护生活环境，这也是社会公共生活中人们应当遵循的最基本的行为规范。讲究公共卫生，造成优美环境，是人身心健康的重要保证，是社会风尚的一个重要方面，体现出一个民族的文明程度和精神面貌。

5．遵纪守法：法律是对公民行为的必要约束及规范，是对道德的补充。自觉遵守法律法规、纪律，是社会公德最基本的要求。公共生活中人们要能顺利地进行社会活动，就必须要有规矩可循，就必须遵循一定的行为规范。

每个社会成员既要遵守国家颁布的有关法律、法规，也要遵守特定公共场所的有关规定。人们只有依照法律、法规及纪律的有关规定行事，才不妨碍他人的正常活动，也保障自己所要从事的某项活动；才不会给社会和他人造成损失和伤害，保持社会公共生活相对稳定和和谐，并保证社会的健康发展。遵纪守法反映了人们的共同要求，体现了人们共同的利益。

每个社会成员都应自觉提高法律意识、增强法纪观念，自觉用法纪来指导和约束自己的行为，自觉履行法纪规定的义务，敢于并善于运用法律武器同各种违法乱纪现象作斗争，并能正确运用法纪手段保护自己的合法权益不受侵犯，真正做到知纪懂法，遵纪守法。

在社会生活里，尤其是在公共场合里，既然教师不能够不遵守礼仪，那么教师自然也就不能够不讲究社会公德。总而言之，遵守礼仪与讲究社会公德之间无任何矛盾。从某种意义上来说，遵守礼仪与讲究社会公德实际上完全是殊途同归的。应当明确的是：不同的阶级，通常有着不同的社会公德。在不同的时代里，社会公德的具体内容往往又有所不同。当前，我国的社会主义现代化建设需要人民教师不仅要学有所长，而且还必须要在其社会生活里模范地讲究社会公德，真正地做到德艺双馨。要求人民教师模范地讲究社会公德，意在使之成为一名真正有教养的人、一名真正高尚的人。人民教师要真正做到此点，绝对不可以只是口头上谈谈而已，而是必须在自己的行动上将这一要求付诸实践。人民教师讲究社会公德，当前最重要的就是要在维护秩序、关心他人、讲究卫生、爱护环境四个具体方面身体力行。

## 一、维护秩序

所谓秩序，在此指的主要是社会秩序。良好的社会秩序，是避免社会生活与公共秩序混乱的基本保证和基本规范。只有全体公民自觉维护社会秩序，一个社会才有安定与祥和可言，公共场合里的各种活动才能得以正常地进行。目前，在维护秩序方面，教师应当努力做好下列四点：

（一）遵纪守法

作为一名公民，教师在其社会生活里，必须以自己的实际行动遵守法律、遵守纪律，成为遵纪守法的模范，而绝对不允许言行不一、口是心非，反其道而行之。众所周知，法律是指由立法机关所制定的、国家政权所保证执行的行为规则。它体现着统治阶级的意志，是阶级专政的一种工具。我国是一个实行法治、以法治国的国家。是故，人民教师一定要自觉地做到有法必依、认真守法。所谓纪律，则是指一个团体或者组织为了维护其集体利益并保障其正常运作而制定的，要求其每一名成员所必须遵守的规章、条文。不容置疑的是，在学校里，作为一名教师，必须遵守学校纪律。在组织内，作为一名成员，教师则必须遵守组织纪律。

（二）保护公物

保护公物，是维护社会公共秩序的应有之义。在社会生活里，教师们必须以自己的实际行动保护公物，并且积极与一切破坏公物的行为进行坚决斗争。所谓公物，通常指的是公有、公用处所之中为大众提供服务的、属于社会所有的一切公共设施和物品。每一位具有良知的社会成员，对于任何公物都要加倍爱惜，并且自觉地予以保护，尽量避免有意或无意之中损坏公物。教师应当特别注意的是，任何公物都不可窃为己有，也不应当以任何形式对其独占或者私用。在公共场所进行活动时，不要四处乱刻、乱画、乱涂、乱抹，不要破坏公有建筑物；不要随意攀爬公有园林之内的树木，或者偷折偷采其树枝、花卉、果实。不要对公用的桌椅、电话、电脑以及其他用具丝毫不加爱惜。

（三）礼让有序

教师在公共场所内进行活动时，必须注意"慎独"，即严格要求自己、检点个人行为。对于自己所遇到的其他社会成员，不论相识与否，教师都要予以谦让、与之和平共处。不要无事生非、寻衅滋事。更不允许欺软怕硬、刁蛮无理、打架骂人。需要与其他人同时使用公用设施或是进行某项活动时，务必讲究先来后到、有先有后，并且依次而行。除去按照规定可以给予某些特殊人士以照顾之外，维护现场秩序的最佳良方，就是大家都要自觉排队。在某些不需要排队但又必须分出先后的情况下，教师切勿争先恐后。要懂得：在这类场合里礼让别人，本身就是一种美德。

（四）无碍于人

在日常生活里，教师必须时刻注意：不要因为自己的粗心

大意，而对别人造成某种程度上的妨碍。也就是说，必须无碍
于人。如下相关的三点，特别应当为教师所重视。

1．不要在公共场所大声喧哗  在公共场所里活动时，不论
是交谈、行进，都不应当制造噪声。在此处无视别人的存在，
高声谈笑、引吭高歌、打打闹闹，都是极度失礼的。

2．不要尾随或围观其他人士  在公共场所里活动时，每一
位有教养的人士都不可以尾随、围观、窥视或是反复打量陌路
之人。指点、议论别人，甚至不邀而至地自动加入别人的谈话，
同样是不允许的。对异性、少数民族、外国友人或者残障人士，
以上行为则尤为不妥。

3．不要同其他人士相距过近  人与人之间关系不同时，其
彼此之间相处的具体距离往往会有所不同。在正常情况下，与
亲密者相处，双方距离可小于0．5米。与常人打交道，双方距
离宜在0．5米至1．5米之间。在公共场所里与陌生人共处时，
若非环境十分拥挤，则双方距离不应当小于1．5米。若无任何
原因而与陌生人相距过近，难免令人感觉不快。

## 二、关心他人

在社会生活里，人与人之间应当相互关心，互助友爱。教
师在公共场合内一定要做到目中有人，并在力所能及的范围内
积极而主动地关心他人。具体来讲，教师需要同时注意以下两
个方面的问题。

一方面，教师对别人要真心实意地加以关心。所谓关心别

人，就是要对对方加以重视和爱护，并且把对方的事情真正地放在自己的心上。对于需要关心的人而言，来自别人的关心犹如雪中送炭，是其所不可缺少的。教师对别人的关心，既要出自真心、发自诚意，又要重在实际行动。

另一方面，教师对别人的关心必须注意适度。在关心别人时，教师要力戒过犹不及，不要因为自己对别人的关心而有碍于对方的私生活，或者直接干涉到对方的个人行动自由。应当强调的是，关心他人虽为善举，但亦应适可而止。倘若对别人过分地予以关心，有时对方不但不会领情，而且还会因此感到不快。

从讲究社会公德方面来讲，在社会生活里，教师要关心别人，主要需要将其重点放在下述四个方面。

（一）照顾老人

对每个人来说，老人既是长辈，又是需要被关心的弱者。在任何情况下，教师都应当主动地关心老人。具体而言，有以下三点必须加以注意。

1. 敬重老人　孟子曾说过："恭敬之心，礼也。"在日常生活里，教师一定要以自己的实际行动去敬重老人。对老人不恭不敬，其实就是没有教养的表现。敬重老人，实际上就是在敬重将来的自己，所以古人才会提出"老吾老，以及人之老"的做人基本要求。

2. 礼待老人　与老人相处，教师务必注意时时处处对其待之以礼。在任何情况之下，教师都要在自己的心目中和实际行动上将老人置于"上位"，而自己身居"下位"，执礼以事之。

3．关照老人　由于生理原因，老人往往需要人们给予更多的照顾。在必要之时，教师应当挺身而出，在日常生活里主动而耐心地照料老人。

（二）尊重女性

女性是人类的母亲。没有女性，就没有整个人类的继往开来，人类社会也将不复存在。从某种意义上讲，尊重女性，就是在尊重自己的母亲，就是在尊重人类自己。在尊重女性方面，教师有以下三点一定要自觉地做好。

1．体谅女性　由于在社会生活里贡献良多，负担甚重，平日女性有其种种难言之隐，并且不足为外人道哉。作为一名成年人，教师一定对女性加以真心体谅。不要难为女性、苛求女性，不要对女性求全责备，或者对女性缺乏基本的谅解。

2．平等相待　《中华人民共和国宪法》规定，女性在政治的、经济的、文化的、社会的和家庭的生活等各方面享有同男子平等的权利。因此，教师在思想上、行动上都要坚持男女平等。任何情况之下，都不容许搞大男子主义，不容许搞男尊女卑，或者歧视女性。

3．积极保护保护女性是每一位公民的义务。对教师来说，保护女性不仅应当表现为保护女性的正当权利和利益，而且还应当表现为以自己的实际行动保护女性不受任何形式的伤害。

（三）保护儿童

在具体规范人际关系时，古人曾要求："幼吾幼，以及人之幼。"儿童是人类的明天和希望。保护儿童，从广义上来讲，就是在保护人类的未来。教师必须将保护儿童视为义不容辞的一项天职。具体而言，在保护儿童方面，教师主要应当注意以下两点。

1. 以身作则　儿童的可塑性与模仿性极强，在社会生活里，朝气蓬勃的教师通常都是令其心悦诚服的学习榜样。因此，教师们在儿童面前必须注意检点自己的举止言行，为自己身边的儿童树立起一个正面的榜样。如果教师言行过于随便，不仅会对儿童造成误导，而且还很有可能因此而误人子弟。

2. 悉心维护　作为未成年人，儿童缺乏自主意识，而且在生活里难以保护自己。因此，需要包括教师在内的全体成年人对其给予全心全意的维护。维护儿童，一是要对其进行正面教育；二是要对其进行全面保护；三是要维护其正当的权利和利益；四是要同对其进行伤害的人和事坚决斗争。

（四）帮助病残

在社会生活里，病人、残障人士都是最需要别人帮助照顾的弱者。在力所能及的前提下，教师应当对病人、残障人士给予热情的帮助。以下三点，均为教师帮助病残之人时所应予注意的重点。

1. 尊重人格　病人、残障人士，通常是在其生理上、心理出现某些具体问题的人。在人格上，他们与其他人则是完全平等的。因此，即使在对其进行帮助时，也应当首先尊重对方的人格，切勿居高临下、出言不逊，或者在口头上或行动上对其造成侮辱或伤害。例如，对其敬而远之，指指点点，或者对残障人士以"残废"相称，都是极为错误的。

2. 鼎力相助　在社会生活里，教师们对于病人、残障人士，尤其是那些急需别人帮助的病人、残障人士，一定要及时而且热情地援之以手，并且在帮助对方时一定要尽心尽力，不讲任何条件。

3．体贴入微　在帮助病人、残障人士时，教师一定要表现得耐心细致、体贴入微、热情周到、不厌其烦。最为重要的是，不要再帮助对方时搞形式主义、仅仅走走过场，而是要真心实意地争取替对方办上一些实事，并且真正地能够为对方排忧解难。要在帮助对方时，一定要了解对方的所思所想，真正做到想其所想、急其所急、应其所需。

## 三、讲究卫生

讲究卫生在现代社会里，讲究卫生不仅是一种基本的社会公德，而且也是每一位文明人所必须具有的良知。所谓卫生，一般是指有益于常人健康生活的一种状态，也是提高人们生活质量的一种必然要求。讲究卫生，就是要求人们的所作所为合乎有关卫生的具体要求。

对于教师们而言，能不能够在平日生活里自觉地讲究卫生，不仅与其能否防止疾病直接相关，而且还会直接地影响到其个人的形象。在任何情况下，不注意讲究卫生，都不算是一名受到过良好教育的教师的正常表现。要求教师讲究卫生，一定要从我做起，从身边做起，从每一件小事做起。最关键的，是要主动而自觉地讲究卫生，而并非只是装装样子而已。在个人卫生、生活卫生、环境卫生三个基本的方面，教师都应当认真地加以讲究。

（一）个人卫生

讲究卫生，首先必须从讲究个人卫生做起。一个人假如总是对其个人卫生不甚讲究，那么他在人际交往中就必定难以树立起其良好的个人形象。一般来讲，讲究个人卫生，主要有如下三个要点。

1. 讲究身体　卫生在日常生活里，对于个人的身体卫生要多加重视。教师要养成注意身体卫生的良好习惯，尤其是要养成平日勤于洗澡的习惯。这样，可以从根本上使自己干净卫生，清爽宜人。

2. 讲究仪表　卫生对于个人的仪表卫生，教师平日尤须加以注意。与身体卫生相比，仪表卫生更加容易受到交往对象的高度重视。

3. 讲究服饰　教师平日所使用的服饰，必须讲究卫生，并勤于换洗。一个人所使用的服饰不论有多么高档，如果它们显得不够卫生、肮脏不堪，往往都会令人大倒胃口。

（二）生活卫生

在日常生活中，教师必须认真、细致地讲究卫生。在以下三点上，教师特别要做到严于律己，不得大意。

1. 注意作息卫生：人体的生物钟有其正常的运行规律。因此，教师们平日工作、学习和休息的时间同样讲究其规律性。教师注意作息卫生，既有益于其自身的健康，又有不妨碍他人之效。

2. 注意饮食卫生　俗语说："病从口入"。教师在日常生活中一定要牢记此点，认真地注意个人的饮食卫生。不仅要不吃、不喝不卫生的东西，不搞暴饮暴食，而且还须讲究进食方式的卫生，不在大庭广众面前大吃大喝。

3．注意忌烟忌酒　人所共知，吸烟与喝酒都无益于身体健康。吸烟、酗酒，则更是对人们的身体危害极大。教师必须自觉地忌烟忌酒，尤其是不要在公共场所之中吞云吐雾、猜拳行令，免得害人或扰民。

（三）环境卫生

平时，教师们对于环境卫生应当倍加爱护。个人卫生、生活卫生与环境卫生三者应当相辅相成。假如教师只注意前两者而忽略了第三者，便难言是真正地讲究卫生了。对教师来讲，讲究环境卫生一是要重视环境卫生，二是要积极参与搞好环境卫生，三是要保持环境卫生。具体到下述三点，尤须加以注意。

1．清理环境　讲究环境卫生，就要积极动手，亲自参与环境的打扫与清理。对于环境卫生不理不睬，与对其不打扫、不清理一样，都是缺乏社会公德的表现。废物归位在任何情况下，教师都应当对废弃之物主动进行收拾、打扫，并且将其投入垃圾桶之内。不要把自己的废弃之物乱丢乱扔，或者擅自对其进行焚毁。

2．痰不乱吐　随地吐痰是一种极不文明的恶习。既会破坏环境卫生，又有害于他人的身体健康。因此，教师必须做到不随地吐痰。

## 第二节　教师的职业道德

教师的工作从本质上来讲是一种直接为学生服务、为社会服务、为国家服务，影响极其广泛的活动。我国是一个社会主义国家，社会主义物质文明和精神文明的建设有赖于社会上的各个行业和全体成员的共同努力。

要求全体人民教师讲究职业道德，这不仅有助于社会主义物质文明的建设，而且也符合社会主义精神文明建设的基本要求。所谓职业道德，通常指的是从事某一具体职业者，在其工作岗位上所必须遵循的与其职业活动紧密联系的行为准则。由于各种职业所固有的社会性质和社会地位不尽相同，决定了每一种职业在其道德上往往都会有着自己的特殊要求，各行各业都有与本行业的性质相一致的道德准则。

例如，执教要有师德，经商要有商德，行医要有医德，从艺要有艺德，等等。因此，完全可以将职业道德称之为一种高度社会化的角色道德，一种软性的行为规范。一般而论，职业道德乃是教师礼仪的主要理论基石之一。具体而言，教师行业的职业道德，指教师在其工作过程中处理自己与学生、与所在学校、与国家和社会之间的相互关系时所必须自觉遵守的职业行为方面的基本准则。

教师行业的职业道德的核心思想是：爱岗敬业，为国家服务，为社会服务，为人民服务，为学生服务，努力培养让国家与人民满意、符合社会需要的学生。教师行业的职业道德的具体内容，则主要包括对教师在其思想品德、教学态度、工作作风、职业修养四方面的规范化的要求。它们都是用以调节教师在其工作中的各种人际关系的行为准则。只有掌握了教师行业的职业道德的核心思想，才能够加深对其具体内容的理解，只有掌握了教师行业的职业道德的具体内容，才能够加深对其核心思想的理解。此二者之间，实际上是相辅相成的。

## 一、思想品质

教师要做好自己的本职工作，在其思想品质方面，就必须对自己有一定的、规范化的要求。因为"教师的思想政治素质和职业道德水平直接关系到大中小学德育工作状况和亿万青少年的健康成长，关系到国家的前途命运和民族的未来。在我国，对教师在思想品质方面的规范化要求，目前主要涉及下述两个方面。

（一）热爱祖国

作为国家的一名公民，教师必须首先热爱自己的祖国。也就是说，在其具体行动上，教师必须全面地贯彻爱国主义的思想。爱国主义是人类自古以来就存在的。爱国主义的基本要求是：每一名公民，都要自觉自愿地在自己的思想上、行动上热爱祖国、热爱人民，热爱本民族的优秀文化遗产与优良历史传统，坚决拥护祖国的统一、独立、主权和民族尊严。在中国与外国的历史上，有许许多多的爱国志士，为了自己祖国的独立自由和繁荣富强不屈不挠，英勇奋斗，甘愿奉献出自己的一切，甚至包括自己宝贵的生命。榜样的力量是无穷的。他们的实际行动，为当代人民教师树立了光辉的榜样。在不同的社会阶段，在不同的历史时期内，爱国主义的具体要求往往会有所不同。当前，我国的爱国主义在祖国现代化进程中的具体要求主要是：拥护中国共产党的领导，积极投身于社会主义现代化建设事业，从自己身边的点滴小事做起，从我做起，努力奉献，为国效力，为国分忧，永远热爱自己的祖国，永远忠于自己的祖国。身为历来推崇爱国主义的中华民族的一分子，教师对于以上的具体要求必须身体力行之。

（二）热爱社会主义

目前，我国实行的是社会主义制度。因此，作为中华人民共和国公民，人民教师热爱祖国与热爱社会主义制度是完全一致的，维护民族利益与尊严和维护社会主义利益与尊严也是完全一致的。社会主义制度，是人类历史上迄今为止最先进的一种社会制度。走社会主义道路，就是要逐步实现共同富裕。历史经验证明：只有社会主义才能救中国，只有社会主义，才能发展中国。中国不搞社会主义不行，不坚持社会主义则更是不行。在这一点上，教师必须心明眼亮，绝对不能做任何有损于社会主义制度的事情。在当前形势下，人民教师热爱社会主义，应当主要体现为积极参与有中国特色的社会主义建设、积极拥护并参与改革开放。人民教师必须充分认识到：中国不搞改革开放不行。进行改革开放，并非背弃社会主义，而是为了更好地坚持社会主义制度。

## 二、教学态度

我国的教育事业，是人民的事业。我国的教师，是人民教师。因此，我国的教育必须以学生为本。我国的教师，理当全心全意地为学生服务。教师要做好本职工作，在其服务于学生的具体态度上，就必须对自己有一定的、规范化的要求。

在我国，对教师在教学态度上的总的要求是：热情服务，礼待学生，以质见长。所谓教学态度，在此主要是指教师对本职工作的看法，以及在对学生进行教学时的具体表现。一名教师的教学态度端正与否，直接影响到他的教学质量的好坏。广大教师必须认识到，在现代社会，教师所从事的工作本质上是一种服务。客观地说，教师的工作是非常非常重要的工作，教师的岗位是光荣的岗位，教师的职业是高尚的职业。教师正确的教学态度应当具体体现于为学生进行服务时的表现。

（一）热情服务

在我国这样一个社会主义国家里，教师行业的根本宗旨，就是要全心全意地为学生服务。全心全意地为学生服务，就是要求教师处处想学生之所想，急学生之所急，切切实实地为学生多办事、办实事、办好事。全心全意地为学生服务，不但要求教师要为学生多办事、办实事、办好事，而且还要求教师在为学生进行服务时，要在自己的教学态度上有所改进、有所提高。从严格的意义上来看，教师为服务对象所提供的服务，既包括了物质方面的内容，同时也应当令对方获得一定的精神方面的满足。

当社会生产力更加发达，全社会的文明程度更高时，服务对象对于自己在被服务过程中能否获得精神上的满足，往往就会更加重视。要在教学过程中从精神上充分满足服务学生的需要，首先就要求教师对学生进行热情服务。所谓热情服务，此处就是要求教师在为学生进行服务时，要以"情"见长，以"情"动人。在为对方进行服务的具体过程中，要积极、主动、耐心、细致、周到，并且充满温馨情感。其中最重要的是，这一切都必须出自真心，而绝对不是虚情假意。

（二）礼待学生

在任何情况下，教师都必须礼待学生。具体来说，就是要求教师在面对学生时，要坚持以礼相待，要对对方时时、处处讲究礼貌。所谓礼貌，就其本意而论，乃是一种为人处世的基本态度。它的主要含义是：在待人接物方面，应当表现得谦虚恭谨，处处对交往对象不失尊重友善之意。因此，要求教师在自己的工作岗位上做到礼貌待人，实际上主要就是要求教师在自己的内心里真正认识到学生至上；并且在自己的工作过程中，运用规范得体的语言、动作、神态，"正仪容，齐颜色，修词令"，以之去表示对学生的尊重与友善。

教师要真正做到礼待学生，就必须努力做到尊重学生、关心学生、热爱学生并重。在自己的工作岗位上为学生进行服务时，要对所有的学生一视同仁，采取完全平等的态度，绝不可厚此而薄彼。要做到对待熟人与生人一个样，对待成年人与未成年人一个样，对待异性与同性一个样，对待地位高的人与地位低的人一个样，对待本地人与外地人一个样，对待外国人与中国人一个样。在礼貌待人的诸多要求之中，最关键的一点，就是要求教师要真正尊重学生，因为礼仪的本质就在于尊人、敬人。只要学生感受到了教师对其的尊重，礼貌待人的目的就达到了。反之，做不到对对方的尊重，就没有礼貌待人可言。一言以蔽之，礼貌待人，从其本质上来讲，就是要求教师在为学生进行服务的具体过程中，自始至终认真地遵守教师礼仪。

（三）以质见长

以质见长，就是要求教师在为学生进行服务的过程中，不仅要重视数量问题，而且还要对质量问题倍加关注，要努力在自己的服务上以质取胜。教育工作必须不断地提高其自身的质量。这既是它的一种内在要求，也是全体受教育者乃至整个社会的一种客观要求。要具体提高教育质量，通常需要从如下两个方面抓起。一方面，教师要在自己的业务范围之内，确保具有特色、精益求精、符合需求、周到细致。所有这些，都是提高教育质量必不可少的物质基础。

另一方面，提高教育质量还须使教育内容现代化、系列化、规范化。教育内容的现代化、系列化、规范化，具体表现为教育应有正常教育、专项教育、多功能教育之分。正常教育，指的是在常规情况下所进行的教育。专项教育，指的是满足受教育对象的特殊需求的教育。多功能教育，则指的是在进行正常教育的同时，提供相关的连带教育，以满足教育对象的多种需要。

## 三、工作作风

人民教师要做好自己的本职工作，在其工作作风方面，必须对自己有一定的规范化的要求。从总的方面来讲，在工作作风上，教师必须时时处处对自己高标准、严要求。工作作风，一般是指人们在工作上所表现出来的态度与行为。顾名思义，教师的工作作风，通常指的就是教师在其工作岗位上所表现出来的态度与行为。它不仅体现着教师的思想品质，而且还影响到教师的工作质量与个人形象。要求教师在工作作风上要对自己时时处处高标准、严要求，主要应当集中体现在其清正廉洁、一心奉公两个具体方面。它们都是教师行业的职业道德的本质性要求。

（一）清正廉洁

所谓清正廉洁，对教师而言，就是要求其在工作岗位上恪守本分，严守一切规章制度，在财务方面为人清白，没有任何污点，绝不损公肥私，绝不贪污受贿。要力求"严格自律，一尘不染"。清正廉洁，是教师行业职业道德的主要内容，也是其工作性质对教师所提出的要求。

（二）一心奉公

不乱开后门，教师不但自己不可以随意挪用国家、集体的财物，也不可以利用职务之便替自己拉关系、送人情、开后门。所谓一心奉公，主要是要求教师在自己的工作岗位上，全心全意地维护国家、集体与本单位的整体利益，要做到一心奉公，当前重点要求教师做到以下四点。

（1）坚持整体利益至上　在思想上、行动上，教师始终都要将国家、集体与本学校的整体利益置于首位，而把个人利益永远放在第二位，让个人利益永远从属于整体利益。

（2）保护公共财物安全　对于国家、集体、本单位的公共财产，教师一定要自觉地加以爱护和保护。在自己面前，永远不应使之受到人为的侵占、挪用，或是因自然原因而受到损害。

（3）认真杜绝非法经营　凡一切由国家法律、法规所明文禁止的项目，学校与教师均不得以任何方式予以经营或者变相进行经营。

（4）积极反对损公肥私　对于一切贪污受贿、侵吞公有资产、损害本单位合法利益的行为，教师都要与其进行积极的、坚决的、不留任何情面的斗争。

## 四、职业修养

教师要做好本职工作，在其职业修养方面，就必须对自己有着一定的、规范化的要求。一般而言，教师在这一方面要力争做到又红又专、德艺双馨。职业修养，通常指的是某一行业的从业人员，在自己的工作岗位上通过经年累月的锻炼，从而在思想上、业务上所达到的一定水准，以及由此而养成的待人处事的基本态度。

对于教师而言，自己的职业修养，往往会直接影响到他的教学质量和工作态度。但凡有社会阅历的人都知道：一名教师的职业修养，可谓"冰冻三尺，非一日之寒"。没有平日的从严要求和岁月的千锤百炼，便难有良好的职业修养可言。要提高自己的职业修养，教师就必须"从我做起，从现在做起"，在其思想上、业务上对自己从难、从严要求。在日常生活里，一个人的修养往往体现于其所作所为的具体细节之上。而这些细节，则通常又真切地展示着个人素质的高低。

因此，教师必须与一切不拘小节的行为划清界限，通过个人修养的提高，来展现自己良好的个人素质。

## 五、树立崇高理想

作为社会主义中国人民教师队伍中光荣的一员，教师应自觉地树立起崇高的理想和正确的人生观。《中华人民共和国宪法》明文规定：我国将长期处于社会主义初级阶段。国家的根本任务是，沿着建设有中国特色社会主义的道路，集中力量进行社会主义现代化建设。

中国各族人民将继续在中国共产党领导下，在马克思列宁主义、毛泽东思想、邓小平理论、"三个代表"重要思想的指引下，坚持人民民主专政，坚持社会主义道路，坚持改革开放，不断完善社会主义的各项制度，发展社会主义市场经济，发展社会主义民主，健全社会主义法制，自力更生，艰苦奋斗，逐步实现工业、农业、国防和科学技术的现代化，把我国建设成为富强、民主、文明的社会主义国家。这是中国各族人民的共同理想。教师必须在自己日常的平凡工作中，为这一理想的最终实现而进行不懈的努力。

所谓人生观，指的是人们对于人生的看法。教师所应树立的正确的人生观是：既要充分认识到自己本职工作的重要意义，更要甘作社会的齿轮与螺丝钉。遇事要以大局为重，以国家、集体和人民的利益为重。要明确：人生的真正目的不在于索取，而在于奉献。

## 六、努力钻研业务

教师要真正做好本职工作，仅有为人民服务的思想还不够，还必须拥有为人民服务的过硬本领。也就是说，教师必须真正做到既红又专。这就要求教师努力学习各项有关的业务知识，不断地调整、充实自己，不断地提高自己的教学水平。

就一般而言，教师要努力钻研业务，必须做到理论与实践并重。一方面，教师要积极学习各种与自己所从事的具体工作直接相关的专业理论，用科学的理论武装自己，开阔自己的视野。另一方面，教师还应当积极进行岗位练兵，不断提高自己的教学水准。真正做到理论联系实际、用理论指导实践、让理论服务于实践。与此同时，面对时代的迅速发展与行业竞争的日趋激烈，教师在进行业务学习的过程中，还要敢于发现新情况、研究新问题。

也就是说，教师的业务学习，要注意与形势的需要相适应。坚持与时俱进。尤其值得一提的是，教师在学习、提高自己的服务技能时，要注意增加其科技的含量与知识的含量。只有真正做到了这一点，教师的教学水准才能好上加好、永不落伍。

## 第三节　教师的人际沟通

有效沟通，既是教师做好其本职工作的基本要求，也是教师礼仪的重要理论基础之一。它的中心内容，是主张以相互交流、相互理解作为教师与其交往对象彼此之间进行相互合作的基本前提。有效沟通理论认定：如果离开了教师与其交往对象彼此之间的相互交流、相互理解，那么教师要向其交往对象提供令人满意称心的良好服务，通常是不大可能的。具体而言，有效沟通理论是由下述四个基本观点所组成的一个整体。要学习掌握好有效沟通理论，必须对以下要点了解得一清二楚。

### 一、角色定位

角色定位是人际交往的基本要求之一。角色定位的基本含义，在此主要是要求教师在为其学生提供服务之前，必须准确地确定好在当时特定的情况之下彼此各自扮演何种角色。只有准确地确定了双方各自所扮演的特定角色，教师为其学生所提供的服务才能够比较符合要求和比较到位。

（一）确定角色

在现代社会中，每一个人在日常生活里都扮演着一定的角色。而在不同的场合，人们往往需要扮演不同的角色。以下几种角色，每一个人通常都会扮演。

1. 社会角色  在日常生活中，人们受社会分工所制约，往往会处在某一特定的位置之上，为社会的正常运转发挥一定的作用，这就是人们所扮演的社会角色。例如，教师、学生、工人、农民、军人、歌星等等，都属于不同的社会角色。由于工作环境、职业习惯、专业知识、社会地位等多种方面的原因，不同的社会角色，在其性情、志趣方面，往往会有各种不同的表现。

2. 生活角色  在实际生活之中，人们有时因为自己所处的具体地位的不同，而被要求必须有适宜的表现。例如，一个男人在父母面前时，应当是一名孝子。而在子女面前，他则要扮演一名称职的慈父。一个年轻的女孩，在友人面前，所作所为应当如同一名淑女。而在恋人面前，她则应当首先是一位令对方怦然心动的"亲密爱人"。凡此种种，实际上就是人们所必须扮演的生活角色。在实际生活里，同一个人通常需要同时去扮演多种不同的生活角色。这一点，与相对而言较为稳定的社会角色是有所不同的。

3. 性格角色  在日常生活里，人们的性格往往各不相同，因而使得人们又有不同的性格角色之分。不同性格类型的人，自然便属于不同的性格角色。例如，可以分为暴躁型、活泼型、稳重型、敏感型等等。不同性格类型的人，以性格角色来直接对其加以区分，有时会更为直观形象。如前所言，人们不仅在生活里扮演着一定的角色，而且在不同的场合里还往往扮演着不同的角色。所谓社会角色、生活角色或者性格角色，实际上只不过是在不同的场合，或者依据不同的标准对人们所进行的一种定位。

所谓定位，一般是指将人或者事物放在一定的位置之上，并据此做出相应的评价。定位相对来讲是比较稳定的。由此可见，所谓角色定位，实际上就是社会舆论对于处于某一特定位置之人的常规要求、限制和看法。教师礼仪在此所讨论的，主要是教师的岗位规范问题。因此，教师在工作岗位上最需要为自己所扮演的角色定位，主要是确定自己的社会角色，而不具体涉及其生活角色或性格角色。切记这一点，对教师而言是十分重要的。

（二）规范形象

所谓"君子独善其身"，任何一个人要想在社会上取得成功，都有必要首先为自己进行正确的角色定位。然后，再按照社会秩序与社会舆论对于自己所要扮演的既定角色的常规要求、限制和看法，来规范自我形象。对广大教师而言，对自己所进行的形象规范，实质上就是要将本人的角色定位进一步地具体化、明确化、形象化。俗话说，干什么就要像什么。

它所指的，其实就是角色定位问题。毋庸置疑，一名教师在自己的工作岗位上服务于学生时，明白自己此时此地所扮演的具体角色是非常必要的。假如一名教师在上班时打扮得花枝招展、油头粉面、珠光宝气、不符合职业形象的要求，不但自己不像是在工作，就连学生也会因此而产生相当的反感。在规范自己工作时的自我形象时，教师必须清楚地知道：自己应当被定位于服务于人的角色。即自己在工作岗位上所要扮演的角色是要为学生服务、为社会服务、为国家服务、为社会主义现代化建设服务。

根据当代的产业划分理论，教育行业归属于社会的第三产业。严格地讲，教育是指不以实物形式，而以劳务形式为他人提供某种可以满足对方一定需求的具有特定效用的工作。教育的终极成果，并不表现为有形的使用价值，而是以无形的效用加以体现的。在现代社会里，社会的现代化程度越高，教育就会越发达。教师必须意识到：自己从事的工作是既重要又光荣的。强调教育工作既重要又光荣，绝非夸大其词，而是基于以下四个方面的原因。

1. 服务行业的发达与否，直接制约着一个国家的现代化程度。离开了教育的发达与现代化，任何一个国家要想真正实现现代化，都是难以想象的。

2. 教育水平的高低，通常直接体现出一个社会的文明程度。社会的文明程度提高了，在教师的水平上立即可以得到一定的体现。教师的水平提高了，反过来又会进一步促进全社会的文明程度的提高。

3. 教育质量的好坏往往影响到学生的生活质量。实际上，教师为学生所提供的各项服务是一种物质与精神的高度统一。只有教师的教学质量确实提高了，才有可能促进学生日后的生活质量。

4. 教师的活动，实际上是一种文化行为。教师自觉地做好本职工作，不仅可以方便人、满足人，而且还可以陶冶人、塑造人、感动人、鼓舞人、激励人。总而言之，教育是一门艺术，教育工作非常重要，教师角色十分光荣。在为自己进行具体的角色定位时，教师有必要端正认识，充分认识到这一点。

任何妄自菲薄、自轻自贱、歧视本职工作的想法与做法，都坚决要不得。将自己正确地定位于"服务他人"、"教育他人"的角色之后，教师在为自己进行相应的形象规范时，就必须恪守本分，以朴素、大方、端庄、美观为第一要旨。

在其具体的工作岗位之上，教师的一切所作所为，包括仪容、仪态、服饰、语言乃至待人接物等等，均不得与之背道而驰。

## 二、理解第一

有效沟通理论强调：人是需要理解的。充分地理解学生，并被学生所充分地理解，对教师而言至关重要。

（一）理解学生

在工作岗位上，只有正确地理解学生，教师才谈得上能够以自己的优质服务去充分地满足对方的实际需要。所谓理解，通常指的是对于别人的正确了解。对广大教师而言，理解学生，主要就是要对学生的实际情况与实际需要，尽可能地掌握得清清楚楚。一般而论，教师应当了解：人们的实际需要是存在一定的规律性的。具体来说，人们的实际需要大体上可以分为以下两种基本类型。

1. 正常需要　人类的正常需要，一般是指人人皆有的、相对稳定不变的基本需要。进而言之，生存、安全、衣食、工作、社交、尊重、自我实现等，都属于人类正常需要的范畴。这些需要，完全可以说，是人人如此、为人皆然的。学生自然也是如此。

2. 特殊需要 人类的特殊需要，例如，强调个性、展现实力、吸引异性、被人欣赏等等，是属于人类在某种特殊的情况之下所产生的需要。这些需要，往往因人而异、因时而异、因事而异，需要具体情况具体对待。对于人人皆有的正常需要，相对而言比较容易了解。而对于不尽相同的人类的特殊需要，了解起来则存在一定的难度。

不过，要想真正做好本职工作，教师对此二者都必须给予重视，切不可对其完全忽略，或者偏废其一。

（二）相互理解

有效沟通理论明确强调：在人际交往之中，要真正实现对于交往对象的理解，就必须将这种理解完全建立于相互理解的基础之上。在一般情况下，交往双方之间的相互理解，往往是人际交往取得成功的基本前提。在教学的具体过程之中，教师有必要认识到：仅有自己对于学生的单方面的理解，通常是远远不够的。任何形式的成功的教育，都有赖于教师与学生在教学过程之中彼此之间的相互理解。相互理解，亦即有效沟通。有时，人们也将其简称为沟通。所谓沟通，通常即指相互理解。在任何形式的人际交往中，包括教师与学生之间的人际交往在内，假如没有交往双方之间的相互理解，就很难使双方的交往融洽而成功。有些时候，交往双方之间甚至还会由于缺乏沟通而导致产生误会和矛盾，引起麻烦。

（三）沟通渠道

一般而言，要想在人际交往之中真正地使交往双方实现相互理解，主要有赖于建立一种约定俗成的、相对稳定的、有助于交往双方彼此相互理解的沟通渠道。这种沟通渠道，可被视为在人际交往中令交往双方实现相互理解的一种捷径。人们都懂得，友人间之所以能够谈到一起去，乃是他们彼此之间拥有共同语言所致。

在生意场上，一桩买卖之所以能够成交、一项协议之所以能够达成，主要在于有关各方在某种程度上达成了共识。其实，在人际交往中要使交往双方的相互理解能够真正实现，令交往双方彼此之间拥有"共同语言"，并且在某种程度上"达成共识"，乃是不可或缺的先决条件。前面所提到的沟通渠道，指的实际上就是交往双方所拥有的"共同语言"和在某种程度上所"达成的共识"。

简而言之，建立畅通的沟通渠道，是真正实现沟通的前提。没有沟通渠道，在人际交往中实际上就难有沟通可言。因此，在有效沟通中，沟通渠道的建立乃是关键之所在。既然沟通是双向的，那么沟通渠道也必须是双向的。换言之，单方向认可的渠道是不可谓之沟通渠道的。只有双向的沟通渠道，才能使人际交往之中的沟通真正做到畅通无阻。通常认为：沟通渠道的建立，实际上需要满足两个基本的条件。

1. 沟通渠道是约定俗成的　所谓沟通渠道的约定俗成，是指在人际交往中，某种沟通渠道往往是在一定的地域、行业之内，由人们经过长期的社会实践逐步认定、逐步习惯，并且相沿成习的。应当说明的是，任何一种约定俗成的沟通渠道，都具有明显的地域性行业性特征。在一定的范围内约定俗成的沟通渠道，到了另外一个范围内则完全可能失效。这就是人们平常所言的"十里不同风，百里不同俗"。在人际交往中，尤其是教师在为学生提供服务之时，假如不了解此点，而处处以不变应万变，往往会难以实现沟通，甚至造成不良后果。

2．沟通渠道是相对稳定的：任何一种形式的沟通渠道，大多数都应当具有相对稳定的特性。唯其如此，才容易使人们对其予以认可、接受。假如它是朝秦暮楚、前后不一，不仅会成为沟通的一种障碍，而且也自然而然地会遭到人们的排斥。当然，沟通渠道绝非一成不变。它的稳定性，通常也只是相对而言的。随着社会的进步、人际交往的进一步发展变化，沟通渠道实际上也在不断地充实、完善、更新。君不见，"古调虽自爱，今人多不弹"，历史上的不少沟通渠道，今日看来早已"作古"了。

（四）重视沟通技巧

就本质而言，礼仪乃是人际交往的基本的行为规范。换而言之，礼仪实际上就是人们在其具体的人际交往中确保有效沟通得以实现的、约定俗成的、相对稳定的基本沟通渠道。如果就教师行业而言，教师礼仪其实完全可以被理解为一种教师与学生在教育过程之中实现有效沟通的常规渠道。简言之，教师礼仪就是一种教师应当掌握的沟通技巧。在此，将教师礼仪定位于教师与学生在教育过程之中实现有效沟通的一种最重要的沟通技巧，至少具有如下双重的重要意义。

1. 可提高人们对教师礼仪重要性的认识既然有效沟通在教育过程中至关重要，既然教师礼仪本身就是一种最重要的沟通技巧，那么如果在教育过程中不运用教师礼仪，就有可能使教师与学生彼此之间的有效沟通难以实现。

2. 可端正人们对于教师礼仪实用性的认识礼仪这个名词，虽说在国内早已是家喻户晓、妇孺皆知，但是确有不少人，其中也包括个别教师在内，对其缺乏正确认识。当前，教师行业内对于教师礼仪的实用性问题，主要存在两种错误认识。一种认为它仅仅只是一种思想道德方面的要求，并无操作性可言，另一种认为它虽然具有可操作性，但仅仅只是一种形式化的东西。对其既可以使用，也可以不使用。

站在沟通技巧这一角度来看待教师礼仪的实用性问题，上述两种认识显然都是错误的。


## 第四节　保持良好的心态


有位哲人曾经说过：你要做多么大的事情，就要承受多么大的压力。在现代社会中，每一个人都承受着一定的压力，教师亦然。在压力之下，每一名教师都存在着心态调整问题。孔子曰："君子坦荡荡，小人常戚戚。"教师若能拥有阳光心态，于人于己皆有百益而无一害。

所谓心态，指一个人的心理状态。它的具体表现，通常就是一个人为人处世的态度。人是有思想、有感情的动物。每个人不仅需要独立地工作与生活，在此过程中他还需要适应社会、与别人和睦相处，这就要求其心理状态必须尽可能地自我平衡。

法国文学家罗曼·罗兰说过：要有光明，仅仅依靠太阳的光线是远远不够的，我们还必须拥有心灵的光明。所谓阳光心态，指一种良好的、健康的个人心理状态。它的基本标志是：高高兴兴地生活、快快乐乐地工作、自我定位正确、人际关系融洽。对教师而言，拥有阳光心态的基本前提是：摆正位置、端正态度。

在教育工作中，广大教师亟待解决的一个重要理念问题是：自己应该如何与学生摆正相互之间的位置，并且如何端正自己对待对方的态度。有道是：观念决定思路，思路决定出路。倘若这一理念问题不能有效地解决，则教师在具体工作中的心态必受影响，其人际关系必受牵制，其积极性、主动性难以获得发挥，其生活与工作的实际质量甚至也会为此而大打折扣。在日常生活与工作中，每一个人都有自己所处的具体位置。了解自己所应占据的位置，不但可以令自己适得其所，而且还可以提高自己生活与工作的质量。反之，则往往会劳而无功，甚至还会因此为他人所诟病。这一要点，对广大教师实际上也是不言而喻的。教师若忽略了这一点，非但可能干什么不像什么，而且其个人心态也会因此而大受影响。

具体而言，在工作岗位上要求广大教师摆正位置，主要是要其必须明确下述两点。

## 一、服务于人

教师必须明确地意识到：不论自己从事何种具体的教学工作，其本质都是服务于学生的。进而言之，教师的基本工作性质，就是为学生服务、为社会服务、为国家服务、为我国的改革与开放服务、为我国的社会主义现代化事业服务。所谓服务，其实质就是为别人工作。它的本质要求是：处处以服务对象为中心，时时有求必应、事事不厌其烦。认识不到这一点，教师要恪尽职守、做好本职工作，则根本无从谈起。广大教师如欲做好服务工作，主要需要从以下两个具体方面着手。

（一）强调人际交往中的互动

过去，中国人生活于传统的农业社会之中。农业社会的一大特点是：生活上自给自足，交往上自我中心。受此束缚，不少中国人包括广大教师在内，在其人际交往中大都推崇我行我素，往往喜欢自以为是，而往往不在乎自身行为的实际效果，即不善于进行互动。实际上，人际交往的具体效果如果不佳，交往本身往往就会变得毫无意义了。

（二）坚持以交往对象为中心

进行人际交往，正确的方式应当是始终坚持以交往对象为中心。换言之，就是不允许凡事我行我素、自我中心。在人际交往中，尤其是在具有鲜明服务于学生性质的教学岗位上，如果不能够坚持做到凡事

## 二、换位思考以交往对象为中心

在教学岗位上，要求广大教师凡事以交往对象为中心，实际上就是进一步要求其明确自己的具体位置，就是要求其更好地、全心全意地做好自己为学生服务的工作。也就是说：教师的工作，必须坚持"以学生为本"。

在日常的具体工作中，每一名教师都必须充分地认识到：自己所面对的广大学生不仅仅男女有别、长幼有别、性格有别、教养有别、民族有别、宗教有别、家庭背景有别，不仅仅内外有别、中外有别、外外有别，而且人人有别、事事有别、时时有别、处处有别。因此，教师要大力提高自己所从事的教学工作的质量，就一定要善于进行换位思考。

日常生活与工作的实践早已充分证明：一个人所处的时间、空间、地位不同时，其所作所为往往大相径庭。而具有不同性别、年龄、职业、教育、家庭、民族、宗教背景的人们处在同一时间、同一空间、同一位置时，其个人感受通常也难见"众口一词"。既然人与人之间多有不同，既然做好教学工作的基本要求是"以学生为本"，那么每一名教师在其具体工作中，都必须积极而主动地进行换位思考。

教师进行换位思考的主要要求是：与学生打交道时，尤其是当服务于对方时，必须主动而热情地接触对方，必须善于观察对方、了解对方、体谅对方，必须令自己认真站在对方的位置上来观察思考问题，从而真正全面而深入地了解对方的所思所想、所作所为，以求更好地与之进行互动。端正态度广大教师在其实际工作与生活中，要想真正地摆正自己与交往对象之间的位置，首先必须认真加以解决的一个重要问题是，必须端正自己的态度。

## 三、保持良好心态

在人际交往中，心态通常决定一切。只有调整好心态，才能够做好事情。每一个人，有什么样的心态，就会有什么样的生活与工作。教师的个人心态如果调整得不好，在日常生活与工作中如果不能真正地端正自己的态度，前面所要求的教学工作"以学生为本"，根本无从谈起。具体而言，要求广大教师端正态度，主要需要其关注如下三点：

（一）接受他人

教师在其具体工作之中，尤其是当其与学生进行接触时，首先必须在内心里真心实意地接纳对方。这一点要是不明确或者做不到，"以学生为本"的基本理念便难以真正实施。所谓接受他人，就心态而言，主要是要求教师在接触学生时，尤其是在服务于对方时，不要主动站在对方的对立面，不要有意无意地挑剔对方、捉弄对方、难为对方、排斥对方，不要不容忍对方，不要存心与对方过不去。简言之，就是要容纳对方、善待对方，而不是排斥对方。实践证明：与其他人打交道时，接受对方是双方交往取得成功的重要前提。做不到此点，交往成功往往就是一种奢谈。

在教学工作中，要求教师接受对方必须明确以下两点：

1. 意在尊重 ：在教学岗位上，接受对方，意在表示教师对学生的高度尊重。在教师礼仪的具体操作中，必须始终强调"尊重为本"。在教学岗位上，尊重学生是教师礼仪对教师所提出的基本要求。就其操作层面进而言之，在教学岗位上，要求教师尊重学生，实际上就是要求其尊重对方的一切合乎情理的选择，而不允许随意对其越俎代庖、横加干涉。由此可知，接受对方，本是教师礼仪自身的应有之义。

2. 宽以待人 在教学过程里接受学生，并非表示教师需要完全认同自己的学生。在实际生活中，由于双方在社会地位、专业训练、文化素养、生活习惯、民族特征等方面多有差异，其世界观、人生观、价值观乃至思维方式、形式规则等等必然多有不同，因此二者的所作所为必然往往相去甚远。必须肯定的是：在教学岗位上，要求教师接受学生，并非要求我方对对方的一切来者不拒，百分之百地予以认同。我方接受对方，主要出自正确而健康的心态。

它的本意是：要促进彼此之间的交往，做好自己的本职工作，而并非厚此薄彼，自我否定。我方接受对方，主要是要求教师宽以待人，并且尊重学生、善待学生。宽以待人并非要求教师对学生处处肯定、来者不拒。当对方的所作所为有违法律道德、有辱国格人格、有损公共利益、有害于学校形象，或者不符合学术规范与教学要求时，教师仍需对其据理力争、针锋相对、毫不退让。

3. "和而不同" 江泽民同志在他于美国所发表的演说

里，正式提出了"和而不同"的交际理念。他明确指出：在各种交往中，只有坚持"和而不同"的理念，才能真正地端正态度、做好工作。

在教学工作中要具体贯彻"和而不同"的理念，主要需要教师做到以下两点：

（1）尊重多样性　我们必须承认世界是多样的。世界的多样性，本质上在于各国文明的多样性。只有尊重世界的多样性，各个国家、各个民族、各种文明才能和谐相处、相互学习、相互借鉴、相得益彰。真正承认了这一点，教师就容易理解别人、尊重别人。

（2）承认相互依存　今日世界，不仅是一个多样性的世界，而且也是一个相互依存的世界。世界是丰富多彩的，各种文明和社会制度应该而且可以长期共存，在竞争比较中取长补短、在求同存异中共同发展。所谓"教学相长"从本质上看，教师和学生自然也是相互依存的。如果教师不接受、不容忍学生，非但其本职工作难以做好，而且其本人的工作与生活也会失去意义。在具体谈及有关"和谐社会"、"和谐世界"的新构想时，胡锦涛同志曾反复强调"有容乃大"。他的观点，实际上从另一个侧面强调了在人际交往中"接受别人"的重要价值。

（二）重视他人

每一位有良好教养的人，都会实心实意地重视交往对象。在对待学生时，教师则更是应当如此。重视学生，是教师对学生表示善意的具体化，同时也是其为人处世"有容乃大"的重要体现。它主要应当表现为认真对待学生并且主动关心学生。总而言之，是要通过为学生所提供的服务，使对方真切地体验到自己备受关注、备受尊重，在教师眼中自己永远都是非常重要的。与此同时，教师对于下列三点重视学生的具体方法，亦应认真地学习和运用。

（三）赞美他人

一般来讲，当学生阐明己见时，教师理当暂停其他工作、目视对方，并以眼神、笑容或点头来表示自己在洗耳恭听。如有必要的话，教师还可以主动与对方交流。在师生交往中，教师有必要恰到好处地赞美其交往对象。也就是说，教师要学会赞美自己的学生。所谓赞美学生，实质上就是要欣赏学生，就是要善于发现对方的长处。这一做法，既是对对方的接受和重视，也是对对方的肯定。

从某种意义上说，赞美他人实质上就是在赞美自己，就是在赞美自己的虚心、开明、宽厚和容人。从心态上讲，当自己真正地欣赏别人时，身边的每一个人都会变成天使，生活与工作往往会因此变得美丽、温馨、可爱。当自己经常地挑剔别人时，身边的每一个人都会变成恶魔，生活与工作往往也会变得丑陋、乏味、悲哀。

从心理上讲，所有的正常人都希望自己能够得到别人的欣赏与肯定，而且别人对自己的欣赏与肯定最好是多多益善。获得他人的赞美，就是对自己最大的欣赏与肯定。一个人在获得他人中肯的赞美之时内心的愉悦程度，常常是任何物质享受均难以比拟的。赞美学生，具体而言，主要是要求教师在教学过

程之中，要善于发现对方之所长，并且及时地、恰到好处地对
表示赞赏、肯定、称赞与钦佩。这种做法的最大好处，是可以
争取学生的合作，使教师拥有美好的心情，并且使师生双方在
整个教学过程中和睦而友善地相处。有些时候，教师需要婉转
地批评一下学生，或者是有必要否定对方的见解，适当地辅以
一些对于对方的赞美之词，恐怕收效就要好得多。因此，有人
早就明言："进行七分批评时，往往也需要加上三分赞美。"教
师在有必要赞美学生时，要注意几点，否则自己对对方的赞美
往往便难于奏效。虽说赞美可被视为交际过程之中一种有效的
人际关系润滑剂，但是教师在具体对其运用时，必须有所控制，
并限量使用。

　　若是教师对学生所讲的每一句话都是赞美之词，使赞美充
斥其整个交往过程之中，不但会令人觉得肉麻，而且也会使赞
美本身贬值，令其毫无任何实际的意义。

# 第二章　教师的仪表礼仪

　　自古以来，中国传统文化就非常推崇尊重师长，并且有所谓"天、地、君、亲、师"之说。教师之所以历来受人尊重，是因为他传承知识、培育后人，并且为人师表。在任何时候，为人师表都是社会舆论对教师所提出的最为基本的要求。前教育部部长周济曾经指出："倡导为人师表，就是要求教师言传身教，以身立教。"就其内涵而言，师表通常是指教师在其品德或学问上应当成为值得学生学习的榜样。

## 第一节　形象规范

　　阅历丰富的教师都十分清楚，在人际交往中，尤其是在工作岗位上，教师的个人形象自始至终都会受到其交往对象的高度关注。因此，要求教师在工作与生活之中务必重视个人形象、规范个人形象、维护个人形象。在日常生活里，形象的内涵与外延极其广泛。就其类别而论，除个人形象之外，还有集体形象、单位形象、产品形象、品牌形象、服务形象等等。

　　从宏观上看，形象可分为人的形象与物的形象两大类别。

在人的形象中，个人形象无疑是最为重要的。所谓个人形象，一般是指一个人在社会上所形成的公众印象，以及社会公众由此而对其产生的基本看法和总体评价。要求教师维护形象，首先就要求其在工作之中认真维护个人形象。

就具体要求而论，教师维护其个人形象，主要应当包括以下两个方面：一是要重视个人形象；二是要规范个人形象。

## 一、重视个人形象

重视个人形象，是教师维护个人形象的第一步。没有对个人形象的高度重视，不仅谈不上个人形象的规范，而且也不可能维护好个人形象。要求教师重视个人形象，实质上就是要求其认真对待个人形象。而要真正做到这一点，需要教师在思想上对个人形象问题端正态度、提高认识。

从理论上讲，教师必须重视个人形象主要基于以下五个方面的原因。

（一）体现着个人教养与素质

在现代社会中，教养与素质的高低，既是一个人能否立足于社会的一项基本条件，又是一个人是否具有品位、能否获得尊重的一项重要内容。正因为如此，每一个现代人都希望自己具有良好的教养与素质。所谓素质，通常是一个人在文化、品德方面的修养。所谓教养，则是指人们在为人处世、待人接物等方面的个人修养及其所达到的一定水准。显而易见，一个人的教养与素质不仅与其个人经历、生活环境、受教育程度直接相关，同时也受到自我要求、社会风尚的直接影响。在人际交往的过程中，特别是初次相见时，人们都会对其交往对象的个人教养与素质倍加关注，甚至往往还会留下难以磨灭的印象。有道是：教养体现于细节，细节展现一个人的个人素质，细节决定一个人的事业的成败。因此，可以说一个人的素质与教养是其个人形象的核心部分之一，换句话说，也就是一个人的个人形象真实地体现着其自身的素质与教养。例如，一名合格的教师在穿西装时是不可能不知道忌穿运动鞋与白袜子的。若是不谙此道或者明知故犯、将错就错，其个人教养与素质在外人眼里就会大打折扣，其个人形象就会严重受损。

（二）表现着个人的心态与风貌

大千世界，人们的生活态度与精神风貌既有个性，又存在共性。教师也不例外。由于每一名教师的个性不一样，心理素质不一样，生活条件不一样，工作岗位不一样，因此，教师的生活态度与精神风貌显然也存在着一定的差异。对于这一点，完全没有必要大惊小怪，也不值得小题大做。但是，作为从业的基本条件之一，每一名合格的教师，在其生活态度与精神风貌方面，也必然存在许多的共同之处。

具体而言，作为一名合格的教师，对其生活的基本态度，应当是认真、负责，充满自尊、自信，对生活充满了热爱；其精神风貌，则应当是热情开朗、豁达大度、朝气蓬勃、奋发进取的。唯其如此，教师才会在正式场合里真正为人所信赖，受人尊重。也只有这样，教师的公众形象才会具有一定的魅力，并能持续地保持这种魅力。这是对教师的生活态度与精神风貌的基本要求。

（三）展示了对交往对象的态度

按照中国人的传统习惯，一个人的穿着打扮仅仅涉及其个人形象的问题，纯粹属于个人私事，任何人都完全有权力"我行我素"，而根本不必介意别人对自己的感受。这就是所谓"穿衣戴帽，各有所好"。而人们平时在其交往应酬中，也往往被告诫"不可以衣帽取人"，即不得过分地关注交往对象的外在形象。可是，这一习惯在正式场合里却不能被引申沿用。在当代社会里，通行的看法恰恰与中国人的传统习惯相反。人们普遍认为，在正式场合，特别是在大庭广众之前，每一名参与者的个人形象不仅体现了个人的教养和素质，而且与其对交往对象的重视程度直接相关。也就是说，教师在正式场合里需要谨记：一个人在对外交往中如果形象甚佳，就会被视为对其交往对象极度重视。一个人在对外交往中如果形象欠佳，则会被视为对其交往对象缺乏应有的重视。

（四）反映出所在单位的形象

在人际交往中，当人们不能确定某个人的具体归属时，即使其在交往中存在着一些缺陷，至多会被视为其个人的问题。然而确知其归属于某一个具体单位，甚至拥有某单位代表的实际身份时，则往往会将其个人形象与其所属单位的形象直接画上一个等号。也就是说，在人际交往中，当一个人的具体身份可以明确时，其个人形象实际上就是其所属单位形象的有机组成部分。每一名教师均须牢记：在正式的活动中，自己的个人形象绝不是单纯的，而是多重身份的集中展示；在本学校内部，每一名教师的个人形象代表着他所在的具体部门的形象；在与外单位打交道时，每一名教师的个人形象代表着他所在的学校或教师行业的形象；在为人民群众服务时，每一名教师的个人形象代表着他所属的整个教师群体的形象；而同他人相处时，每一名教师的个人形象则代表着他所在国家、所属民族的国家形象与民族形象。作为部门形象、学校形象、行业形象、民族形象乃至国家形象的具体代表，每一名教师当然毫无任何理由对个人形象掉以轻心。

（五）被视为一种宝贵的无形资产

一般而言，教师通常都是所谓的"精英"。作为"精英"，教师的个人形象实际上也是学校的一种极其宝贵的无形资产。良好的教师个人形象对一所学校的重要价值，可以被概括为以下三个方面：

1. 形象是一种宣传　教师的形象上乘，实际上就是一种最为直观可信、最具有说服力的宣传。其功效往往要比"纸上谈兵"强过百倍。

2. 形象是一种效益　如果每一名教师都拥有良好的个人形象，不仅可以宣传其所在学校的形象，而且还可以直接为本学校带来一定的经济效益与社会效益。

3. 形象是一种服务　如果教师个人形象好，他所提供的个人服务往往就易于为其服务对象所接受，反之则不然。从这个意义上可以说，教师的个人形象实际上也影响着其服务效果。

## 二、规范个人形象

重视个人形象，是对教师提出的一项总体要求。教师须将此项要求确实落到实处，以自己的实际行动规范个人形象。一般而言，在人际交往中，一个人令他人印象与感触最深的地方，往往包括其个人仪容、表情、举止、着装、谈吐、交往六个具体方面。它们通常被称为"构成个人形象的六大要素"。与其他工作相比，教师行业显然具有其特殊性。这种特殊性，自然也会体现在教师的个人形象上。

要求教师规范个人形象，实际上就是指教师的个人形象应符合职业要求。具体而言，要求教师规范个人形象的内容包括：

（一）规范表情

在人际交往中，人们往往要对自己的交往对象察言观色，即关注其表情。所谓表情，通常是指一个人在面部所表露出来的其内在的思想、感觉与情绪。从本质上看，它是个人情感最真实、最自然、最直观的流露，往往最能够真实地反映出一个人的内在感受。在大庭广众之前，教师的基本表情应当是和蔼、亲切、友善。教师对自身表情的关注重点，应当是眼神与笑容。

1. 表情和蔼　教师的表情和蔼，指其在人际交往中态度温和，不粗暴、不严厉，使人感觉易于接近。

2. 表情亲切　教师的表情亲切，指其待人热情，令人感到一见如故、没有距离，容易与之亲近。若其态度冷漠、沉重、呆板、做作，甚至充满怀疑、敌视之感，是绝对不会令人感到亲切的。

3. 表情友善 教师的表情友善，通常则是指其对人友好、和善，善于关心、体谅、照顾或帮助别人，善于同别人和睦相处。

(二) 规范仪容

当一个人与外界交往时，其个人仪容通常都会备受关注。所谓仪容，一般指的是一个人的仪表与容貌的统称。简单地讲，每一个人的仪容，实际上就是指其个人形体的基本外观，即其外表与外貌。在大庭广众之前，对教师个人仪容的基本要求是干净整洁、略加修饰。其中要求修饰的重点是教师的头部与手部。

干净整洁，指教师要注意个人卫生，日常仪容必须做到无异味、无异物。若是浑身汗味、烟味，眼角、口角、耳孔之中的分泌物没有清理干净，其个人卫生状况岂能令人恭维。

(三) 规范举止

略加修饰，指教师依照常规对个人仪容进行必要的修整、装饰，使之美观而得体。比如说，教师不仅要经常理发，而且还应及时修剪胡须、鼻毛、耳毛、指甲等等。与他人相处时，人的肢体动作往往会给人留下深刻印象。

一个人的肢体动作，通常被称为举止。在公共场合，特别是在正式场合里，一个人的举止，经常会被其交往对象视为一种充满寓意、传递一定信息的"肢体语言"。当人们在跨国交往中遇到难以逾越的语言障碍时，"肢体语言"的重要性就显得尤为重要。就一般状况而言，教师个人举止的基本规范是适度与从俗。教师要着重注意自己手臂的动作，除此之外，还要对自己在站立、行走、就座、工作时的肢体综合动作予以重视。

（1）举止适度：所谓举止适度，在此主要是要求教师在正式场合里有意识地控制肢体动作的幅度，并适度减少肢体动作，从而使自己的举止不至于让人感到夸张或者被别人曲解，而是能够给人以教养良好、稳重成熟之感。

（2）举止从俗：所谓举止从俗，对教师而言，在此主要有三项基本要求：一是要求其举止动作合乎本行业的习惯；二是要求其举止动作合乎交往对象的习惯；三是要求其举止动作合乎社会上的习惯。至于究竟要合乎其中的哪一种习惯，则通常应视其具体场合而定。

## 第二节　教师的着装礼仪

规范着装，通常又称穿戴，它一般指的是人们在日常生活与工作中所穿着的服装和所佩戴的饰物。在当今的社会中，着装早已不仅仅是人们遮羞、御寒的手段，而且也早已被视为传递着装者思想、情感的"非语言信息"。讲究着装，并且遵守与此相关的礼仪，是现代社会文明与进步的一种重要的表现。作为教师，其平时的具体着装应当体现其所在的学校的形象与个人的尊严，因此每一位教师都必须对着装礼仪有一定程度的了解。

教师若是不分场合地胡乱穿衣，轻则会贻笑大方，有损于所在单位的尊严；重则会给具体从事的工作带来不可低估的损失。应该强调：教师在学习与应用着装礼仪时，必须把自己的着装问题提高到维护个人形象、维护所在学校的形象、维护教师队伍的整体形象和维护国家形象的高度上来加以认识。

具体说来，教师在学习着装礼仪时，重点需要掌握以下三个方面。

## 一、遵守常规

作为教师，其个人的着装应当做到循规蹈矩，而切切不可盲目追求时尚或者新潮。平时，教师应当遵守着装的常规，努力使自己的衣着得体。所谓遵守常规，在此主要是指教师必须严格地遵守穿衣之道，并且要在其具体的方法、技巧上遵守惯例，免得使自己贻笑大方。

（一）区分场合

在不同的场合里，教师所选择、穿着的服装与饰物，在其具体的款式、色彩、面料等方面，都应该有所区别。

1. 公务场合　公务场合，通常指的是教师上班、处理其具体公务时所处的具体场合。在公务场合里，教师的着装应该重点突出"庄重、典雅而保守"的特点。具体而言，在公务场合里，教师最为标准的着装，主要是制服或深色的西装、套裙，即所谓正装。即使简单一些，教师的着装也必须符合以下要求：上衣有领子、有袖子。下身不光腿、不光脚。只有这样做，才可以显得教师的打扮非常正规和郑重其事。

2．社交场合　社交场合，一般指的是人们在公务活动之外，在公共场所与其他人进行交际应酬活动的场合，如举办联欢会，参加婚礼、生日、节日或纪念日的庆祝活动，登门拜访，等等。在社交场合里，教师的着装应重点定位于"时尚、新颖而个性"。

（二）"五应原则"

此时此刻，教师着装的具体款式要新颖、风格要洒脱，既不必过于保守、从众，也不宜过分地随意、散漫。礼服、时装、自己制作的服装，以及本民族的传统服装等等，均为适宜之选。

休闲场合，往往指的是人们在公务活动之外用于个人休息的场合，以及在公共场所里与不相识者共处的场合。除去公务场合、社交场合之外的一切活动场合，都应该包括在休闲场合之内，诸如居家生活、健身运动、游览观光、逛街购物，等等。在休闲场合中，教师宜着休闲装，并且重点应当突出"舒适、随意而自然"的特点。就休闲场合的着装而言，教师最为规范的选择有牛仔装、运动装、夹克衫、T恤衫等等。凡此种种，有时亦称便装。所谓"五应原则"，此处指的是在着装时，教师应当做到应时、应事、应景、应己、应制。它所具体规范的，就是教师在其正式场合里的着装。

1．应时，指教师的着装一定要兼顾具体所处的节气和时间，一定要具有明确的时间观念，而不应当不分季节、气候，不可以胡乱地穿衣。

2．应事，指教师的着装要与其所具体办理的公务和事情相适应。例如，教师在一般的情况下，不能够在其课堂上穿背心、裤衩、拖鞋等休闲装。

3．应景，应景指教师的着装必须充分考虑到自己的具体身份，以及即将出席或主要活动的地点，并且使之尽量与自己的身份和工作保持协调一致。

4．应己，应己指教师在选择其具体着装时一定要因人而异，要使自己所穿的服装与自己的身份、身材等条件相适应。特别需要注意性别、脸型、肤色、形体、性格、气质和年龄等各方面的因素。

5．应制，应制指教师必须要遵守学校着装方面的有关规定和社会上对于教师着装的约定俗成的要求，切切不可我行我素、自以为是，使自己的着装给工作或交往带来不便。

（三）配色原则

任何一种颜色，都是由三原色调配而来的。不同的颜色，通常代表着不同的意义。不同颜色的服装穿在不同的人身上，则往往会产生出截然不同的效果。

1．三色原则　对教师而言，在正式场合的着装必须要遵守"三色原则"。所谓"三色原则"，指人们全身上下的衣着在正式的场合里一般应当保持在三种色彩之内。如果忽视了"三色原则"，一个人的着装就会给人以杂乱无章、华而不实的感觉。

2．三一定律　在必要的场合与可能的情况下，男教师的着装还应当遵守"三一定律"。所谓"三一定律"，强调的是男性着装的色彩方面的基本搭配技巧。它具体要求：男教师在正式场合露面时，应当使自己的公文包与鞋子、腰带的色彩相同或相近。作为一名教师，在正式场合中，如果要显得专业或者成熟稳重，就一定要遵守"三一定律"。

## 二、规范着装

具体而言，教师在日常生活中所穿着的服装，主要有制服、西装、套裙和便装等等。在某些时候，尤其是在一些非常正式的场合里，教师还需要身着礼服。下面，对这五种常见的教师服装的着装规范分别进行介绍。

（一）制服

所谓制服，一般指的是上班族在工作岗位上按照规定所必须穿着的，由所在单位统一制作、下发的服装。例如，工商、税务、公安、海关、司法等特定部门，通常都有其指定的制服。目前，有的学校教师是有其制服的。如有可能，应当要求教师身着制服。它既可以体现着装的应制原则，又可以反映出教师的职业特色、整齐划一与精神风貌。

1. 穿着制服　如果学校有统一的着装规定，那么全体教师就必须按照规定穿着制服，而不得随意穿着便装。否则，不仅有损于学校的整体形象，而且还会让外人觉得本校的管理不够严格。教师在穿着制服时，还应同时身着与制服配套使用的衣饰，以便在整体风格上与制服保持一致。

2. 遵守规范　制服是否能够真正地体现出教师的权威性，很大程度上取决于教师有没有认真地按照制服礼仪的具体规范行事。穿制服时不遵守规矩，乃是制服礼仪的大忌。例如，敞胸露怀、不系领扣、高卷袖筒、挽起裤腿、乱配鞋袜、衬衫下摆不束在裤腰或裙摆里，等等。客观地讲，如此种种做法的危害性并不亚于不穿制服。在穿制服时，特别需要明确：制服的大小必须合身，绝对不允许制服与便装混穿。

3. 保持整洁　教师在穿着制服时，一定要使自己的制服无折痕、无异味、无异物、无异色、无异迹。与之同时配套穿着的内衣、衬衫、鞋袜等等，也应当定期进行换洗。与此同时，教师的制服在其具体穿着时，必须整整齐齐、外观完好。一定要做到衣裤不起皱、上衣要平整、裤线要笔挺。

4. 维护完好　在一般情况之下，教师的制服一旦在其外观上发生明显的破损，如开线、磨毛、磨破、纽扣丢失等等，就不宜在工作岗位上继续穿着。对破残的制服，应进行认真的处理，不应视而不见。

5. 佩戴校徽　在身着制服时，教师往往按照规定必须佩戴校徽。佩戴校徽，可以反映出教师的职业特征、学校名称，并体现其权威。在校徽的具体佩戴方面，教师应按照规定佩戴校徽并戴到指定的部位，同时要保持校徽的清洁与完整。

（二）礼服

所谓礼服，通常指的是人们在隆重而正式的场合里所穿着的服装。在国外，目前对礼服有着很多具体要求。但随着"礼仪从简"的大趋势的发展，人们对于服饰的要求也有着逐渐简化的趋势。我国教师需要注意：凡是在请柬上规定要穿礼服的场合，一定要按照规定穿着礼服。

届时，男教师可以穿着黑色或深蓝色的中山装，内穿白衬衣，脚穿黑皮鞋，亦可以穿深色西装套装、白衬衣、黑皮鞋。

女教师则可以穿着长到脚背的旗袍，有时亦可身着长袖的长裙。下面，重点介绍中山装和旗袍的穿法。所谓中山装，是因为孙中山先生率先穿用它而得名。它的具体样式是：立翻领，对襟，前襟五粒扣，四个贴袋，袖口三粒扣，后片不破缝。

至于旗袍，则是源自满族妇女的传统服装。它的具体特点是：造型紧身贴体，适合于体现女性的曲线美。其开襟形式花样多变，袖子可长可短，袖口可宽可窄，既能最大限度地展现东方女性所特有的体态和风韵，又能使其显得端庄典雅。

具体穿着中山装与旗袍时，以下三点必须注意：

1. 保持整洁　穿着者必须保持中山装或旗袍的绝对干净，上面不应有任何污点，并要始终保持其外观上的光洁与挺括。

2. 讲究穿法　男教师穿中山装时，一定要把上衣领口之处的风纪扣扣上，上衣的其他纽扣在正式场合也要一律扣严。女教师身着旗袍时，则一定要使之尽可能地合身。

3. 选择鞋袜　一般说来，穿中山装一定要配皮鞋，穿旗袍则一定要配高跟皮鞋。不论男女，鞋子的颜色均宜为黑色。至于袜子，穿中山装时的选择是颜色一定要与之相近，穿旗袍时则一般都要选择肉色丝袜。女教师尤其需要注意的是：由于很多旗袍的下摆都有或长或短的开衩，因此一定要避免使自己的袜口外露。届时，最好的选择是穿连裤丝袜。

## 三、善选饰物

随着生活水平的提高，人们普遍认为，饰物不仅仅是财富的象征，它更应该是一个人文化素养、气质风度以及审美格调的综合表现。饰物的佩戴，既要考虑人与环境，又要考虑整体的效果，要注意到诸多因素间的关系，才能达到佩戴饰物的最佳效果。在社会生活中，具体的工作岗位及身份、年龄、外貌、体形、经济状况和活动范围等因素决定了教师这一群体对于饰物的选择与佩戴要求。在考虑饰物的佩戴时，教师应注意下列四个具体方面。

（一）区分场合

佩戴饰物，首先应当使之与自己所处的环境、场合相适应。一般说来，只有在社交场合或休闲场合，教师才适合于佩戴饰物，而在其课堂讲授、进行运动或出外旅游时，则不宜戴首饰。

（二）考虑性别

一般说来，女教师可戴多种首饰，而男教师所适宜佩戴的只有结婚戒指一种。具体而言，女教师在佩戴首饰时所要遵守的一项重要规则是：在公共场合中，自己同时使用的首饰在其总量上不能超过三件。而且应当明确：自己所处的具体场合越正规，适宜佩戴的首饰往往越少。

（三）宁缺毋滥

在正式场合里，教师通常是完全可以不戴任何首饰的。在某些时候，如果需要戴的话，就要佩戴质地、做工俱佳的首饰，而千万不要佩戴粗制滥造的制品。同时需要注意：如果佩戴者只着眼于炫耀首饰的经济价值，诸如以为项链选得越粗越好、戒指戴得越大越好，珠宝戴得越贵越好，其结果往往反而会弄巧成拙，显得自己俗不可耐。

（四）防止犯忌

佩戴首饰时，教师切勿随随便便地犯忌。例如，女教师在参加丧礼时，一般只允许佩戴结婚戒指和珍珠项链。又如，猫眼石、钻石等，平时都不要与珍珠首饰同时佩戴。再如，如果已经佩戴了校徽，女教师通常就不宜再佩戴胸花、耳环等突出女性魅力的饰品了。

## 第三节　教师的仪容规范

当一个人与外界进行交往时，其个人仪容通常都会备受交往对象的关注。所谓仪容，一般是指人的具体的外观与外貌。简单地讲，一个人的仪容，实际上就是指其个人形体的基本外观。其中的重点，则是指人的容貌。在人际交往中，每一个人的仪容都会引起交往对象的关注。作为第一印象，个人的仪容将影响到他人对自己的整体评价。

对广大教师来说，仪容礼仪就是对教师的个人仪容所进行的基本规范。它的首要要求是：仪容美。具体而言，教师的仪容美主要有以下三层含义：首先，仪容应当自然美。这是指仪容的先天条件好，天生丽质。尽管以相貌取人不合情理，但先天美好的仪容相貌，无疑会令人赏心悦目、感觉愉快。其次，仪容应当修饰美。这是指依照规范与个人条件，应对仪容进行必要的修饰。其目的是扬其长，避其短，设计、塑造出美好的个人形象，在人际交往中尽量以之表现出自己的自尊自爱与敬人之心。最后，仪容应当内在美。这是指通过努力学习，不断提高个人的文化、艺术素养和思想、道德水准，培养出自己高雅的气质与美观的心灵，使自己秀外慧中、表里如一。

真正意义上的教师的仪容美，应当是上述三个方面的高度统一。忽略其中任何一个方面，都会使教师的仪容美失之于偏颇。在这三者之中，仪容的内在美是最高的境界，仪容的自然美是大家的心愿，而仪容的修饰美则是仪容礼仪所关注的重点。教师在修饰其个人仪容时，应注意头发、面容、手臂、腿部、化妆五个具体的方面。

## 一、头发的修饰

按照一般习惯，人们注意、观察、打量其他人的时候，往往是从对方的头部开始的，正所谓"上看头，下看脚"。头发生长于头顶，位于人体的"制高点"，所以就更容易先入为主，引起大家的重视。有鉴于此，教师在修饰其仪容时，通常应当"从头做起"。修饰头发时，应当注意的有以下四个方面的具体问题。

（一）长短适中

从礼仪与审美的角度看，头发的长短往往受到若干因素的制约，是不可以一味地只讲究自由与弘扬个性，而是应当讲究规范的。通常需要考虑的制约因素主要有性别、身高、年龄、职业等。

（1）性别的因素：人分男女，男女有别，在其头发的长度上通常便有所体现。一般认为：女教师可以留短发，但不宜理寸头。男教师头发可以稍长，但却不宜长发披肩，或梳辫挽髻。在头发的长度上可以表现得中性化一点，但不应超过极限，不可以不女不男。

（2）身高的因素：头发的长度，在一定程度上与个人的具体身高直接有关。以女教师留长发为例，其头发的长度就应与身高成正比。一个矮个子的女教师若长发过腰，就会使自己显得个子更矮，显然是很不明智的选择。

（3）年龄的因素：人有长幼之分，其头发的具体长度亦受此影响。例如，一头飘逸披肩的秀发，出现在少女头上相得益彰，有如青春的"护照"；而它出现在一位年逾七十的老奶奶头上，则往往会令人哗然。

（二）发型适宜

职业的因素一个人的职业，对头发的具体长度通常影响很大。例如，野战军战士为了负伤后抢救的方便，通常会理光头，而政界人士则不宜如此。对于教师而言，女教师的头发往往不宜长过其肩部。

必要时，应以盘发、束发作为其变通。男教师则通常不宜留鬓角、发帘，并且最好不要使自己的头发长于7厘米。即具体应当做到：前发不覆额、侧发不掩耳、后发不及领。至于剃光头，则对于男女教师都肯定是不合适的。所谓发型，即头发的整体造型。在理发与修饰头发时，对此都不容回避。

对教师来说，发型不仅应当美观大方，而且应当自然得体。在这一方面，除了个人偏好可适当地予以兼顾外，最重要的是考虑教师的个人条件和所处的具体场合。

（1）个人的条件：所谓个人条件，在此包括发质、脸型、身高、胖瘦、年纪、着装、配饰、性格等等。一般而言，它们都会影响到发型的具体选择。教师对此切切不可掉以轻心、不闻不问。在上述个人的条件里，脸型对于发型的选择往往影响最大。在选择发型时，一定要遵守"应己原则"，即使二者相互适应。例如，国字脸的男士最好不要理板寸，否则看上去好像一张扑克牌。发型则主要适合鹅蛋脸的女士，它的下端向外翻翘，可展示此种脸型之美。倒三角脸型的女士则不宜选择这种发型。

（2）身份的差异：在日常生活里，人们的职业不同、身份不同、品位不同，其具体的发型选择自然应当有所不同。一般说来，在工作场合抛头露面的人，其发型应当传统、庄重、保守一些；在社交场合频频亮相的人，其发型则应当个性、时尚、艺术一些。至于前卫、怪异、另类的发型，对教师而言则是不适宜的。

（三）干净整洁

头发是人们脸面之中的脸面。自觉地做好日常护理，既有助于保养头发，又能够清除异味和异物。所以不论有无交际应酬活动，教师平时都要对自己的头发勤于梳洗。绝对不能够忽略此点，不可以疏于对自己头发进行必要的"管理"。

主要的作用对头发勤于梳洗，其主要作用有三：一是有助于消除异味、二是有助于清除异物、三是有助于保养头发。教师若对头发懒于梳洗，使得自己蓬头垢面，满头汗馊或是油味，发屑随处可见，甚至生出寄生物来，则是非常有损自己的个人形象的。基本的要求理发，男教师应为半个月左右进行一次，女教师则可根据自己的实际情况而定，但最长不应超过 1 个月。

洗发，教师一般应当最长 3 天左右进行一次。如果可能，则每日一洗最佳。教师如有重要的交际应酬，应于事前再进行一次洗发、理发、梳发，不必拘泥于以上时限。切记：此类活动应当在"幕后"操作，绝对不可以当众进行"演出"。总而言之，教师的头发一定要洗净、理好、梳齐。

（四）美观自然

人们在修饰头发时，往往会有意识地运用某些技术手段对其进行美化，这就是所谓美发。美发不仅要美观大方，而且也要求自然而然。不宜雕琢痕迹过重，或是不合时宜。教师在其选择美发的具体方式时，一定要根据自身条件进行斟酌，而绝不能够盲目地行事。一般情况下，教师美发的基本方式有以下四种：

（1）烫发：所谓烫发，即运用物理手段或化学手段，将头发做成适当的形状的方法。在决定烫发之前，教师一定要首先看一看本人的具体发质、年龄、性格、职业是否合适。

（2）染发：发色不理想，或是头发变白，即可使用染发剂令其变色。染发对教师而言，往往必须三思而行。教师如果将自己的花白的头发染黑往往无可非议，但若想将它染成其他的色彩，甚至把它染成多色彩发，则通常是不大合适的。

（3）做发：所谓做发，即运用发油、发露、发乳、摩丝等美发用品，将自己的头发塑造成一定形状，或是对其进行护理。

做发的要求，与烫发的要求大体相似。

（4）假发：一个人的头发如有先天的缺陷或后天的缺陷，通常可以酌情选戴假发。选择假发时有几点要求，一是要使用方便；二是要天衣无缝；三是要避免俗气。

## 二、面容的修饰

一般来说，仪容在很大程度上指的就是人的面容。教师要修饰自己的面容，首先就要做到清洁。即要勤于洗脸，使之干净清爽，无汗渍、无油污、无泪痕、无其他任何不洁之物。修饰面容时，如果具体到各个不同的部位，往往还有一些不尽相同的要求。

（一）眼部

每个人的眼睛，都是在其人际交往中被他人注视最多的地方，通常也是其修饰自己的面容时首先应关注的部位。

1．保洁　所谓保洁，在此指的是眼部分泌物的及时清除的问题。教师的眼睛的保洁非常重要，尤其应当注意及时清除其眼部的分泌物。对这一点，教师理应铭记于心，并随时注意。此外，教师若眼睛患有传染病，则应自觉地回避参加社交活动，免得让其他人近之不宜、避之不恭。

2．修眉　教师若感到自己的眉形刻板或不甚雅观，可对其进行必要的修饰。但不提倡教师进行"一成不变"的文眉，更不允许教师剃光所有眉毛。此外，文面、文身对于教师来说，通常也是不允许的。

（二）耳鼻

对耳朵和鼻子进行必要的护理，是每一名教师都不该予以忽略的。

在洗澡、洗头、洗脸时，教师不要忘记清洗一下耳朵。必要之时，还须清除耳孔之中不洁的分泌物。平时，应注意保持鼻腔的清洁，不要让异物堵塞鼻孔。特别需要注意，对耳、鼻所进行的保洁的工作不能当众进行。尤其是不能随处吸鼻子、擤鼻涕，也不要在人前人后时时挖鼻孔或掏耳朵。美化时，教师对自己鼻子上的"黑头"，要及时地进行清除。此外，在每天出门之前，不要忘了检查一下耳毛或鼻毛是否长出耳朵或鼻孔之外。一旦出现那种情况，一定要及时地对其进行修剪。不可置之不理，或是当众下手去拔。

（三）嘴部

对嘴部的修饰，教师一定要多加重视。嘴巴是发声之所，也是进食之处。教师理所当然地应当对它多进行修饰，并细心照顾。

1. 护理牙齿　保持牙齿洁白，口腔无味，是嘴部护理上的基本要求。教师要做好这一点，一是要每天定时刷三次牙，以去除异物、异味；二是要注意忌烟、忌食酒、葱、蒜、韭菜、腐乳之类气味刺鼻的东西，免得让交往对象掩鼻受罪。

2. 异响　按常规，人体之内发出的所有声音，如咳嗽、哈欠、喷嚏、吐痰、清嗓、吸鼻、打嗝、放屁的声响，都是不雅之声，统称为异响，在正规场合，教师一定要避免发生异响。需要指出的是：禁止异响，重在自律，而不必强求于人。若本人不慎弄出了异响，则最好及时承认，并向身边之人道歉。

3. 清理胡须　唇间长有胡须，是成年男子的基本生理特点。但在交际场合，即使胡子茬为他人所见，也是十分失礼的。因此，男教师若无特殊的宗教信仰和民族习惯，最好不要蓄须，并且应当经常地、及时地剃去自己的胡须。青年男教师尤其不要蓄须，否则会因其稀疏难看使自己显得邋遢或不成熟。若女教师因内分泌失调而长出类似胡须的汗毛，则应及时治疗或修饰，并予以清除。

## 三、手臂的修饰

在正常情况下，手臂是人际交往中人的身体上使用最多、动作最多的一个部分。因此，它往往被人们视为社交之中每个人都有的"第二枚名片"。从某种程度上讲，它甚至比人们常规使用的印在纸片上的名片更受重视。教师修饰手臂的问题，可以分为手掌、肩臂与汗毛这三个方面来进行讨论。

（一）手掌

手掌，是人的手臂的中心部位，也是其"制作"形形色色的手语的关键媒介。

1. 经常洗手　在日常生活里，手是接触其他人和其他物体最多的地方，出于清洁、卫生、健康的角度考虑，教师的手应当勤于洗涤。用餐前、便后、接触过肮脏物体后及时洗手，则更是起码的要求。

2. 修剪指甲　教师手上的指甲应定期进行修剪，一般应当每周修剪一次。不要长时间不剪指甲，也不要留长指甲。修剪手指甲，应令其不超过手指的指尖。若指甲的外形不甚美观，也可以进行适当的修饰。

3．去除死皮　手指甲周围产生的死皮应立即将其修饰剪掉。但教师不宜当众进行操作，更不应当用手去撕，或用牙齿去咬。

4．避免伤残　平时，教师要对自己的手部悉心进行照料，不要让它常带伤残。若皮肤粗糙、红肿或是皲裂，应及时进行护理、治疗。如果长癣、生疮、发炎、破损、变形，则不仅需要治疗，而且还应当避免使之接触他人。这是因为，不论以之直接地还是间接地接触其他人，都会令对方感觉不快，甚至会因此而产生反感。

（二）肩臂

教师礼仪规定，在非常正式的活动中，教师不宜穿着半袖装或无袖装，教师的手臂和肩部都不应当裸露在衣服之外。而在其他非正式场合则无此限制。教师修饰自己的肩臂，最重要的就是这一条。此外，还要特别注意汗毛和腋毛的处理。

## 四、腿部的修饰

俗语说，"远看头，近看脚，不远不近看中腰"。教师的腿部在近距离之内常为他人所注视，所以在其修饰仪容时自然不能对此有所忽略。

（一）腿部

在正式场合，通常不允许男教师的着装暴露其腿部。女教师可以穿长裤、裙子，但一般不得穿短裤，或穿暴露大部分大腿的超短裙。一般说来，越是正式的场合，女性的裙子应当越长。在庄严、肃穆的场合，女士的裙长应在膝部以下。一般而言，不允许女教师不穿袜子，尤其是不允许女教师光着的大腿暴露于裙子之外。但在非正式的场合，特别是在休闲活动中，则无此规定。

（二）脚部

在正式场合里，是不允许教师光着脚穿鞋子的。光脚既不美观，又有可能被人误会。因为在社会上，女性光脚穿鞋，或穿一些可能使脚部过于暴露的鞋子，易被视为卖弄"性感"的做法。

（1）保持清洁　在正常情况下，教师应注意保持自己的脚部的卫生。鞋子、袜子要勤洗勤换，脚要每天洗上一次，袜子则应每日一换，要防止其臭气熏人。不要穿残破、有异味的袜子，如有可能，应在办公室或随身所带的公文包里装上备用的袜子，以应不时之需。在非正式场合光脚穿鞋子时，要确保其干净、清洁。不要在他人面前脱下鞋子、趿拉着鞋子，更不要脱下袜子抠脚。这类不良习惯极其有损个人形象。

（2）勤剪趾甲　教师的脚趾甲一定要勤于修剪，至少要做到每周修剪一次。要及时地去除多余的趾甲。不应任其藏污纳垢，或是长于脚趾的趾尖。自己的趾部通常是不应当露在鞋外的。男性成年以后，腿部汗毛大都很重。所以在正式场合不允许穿短裤，或是卷起裤管。女性若因内分泌失调而令腿部汗毛变得浓黑茂密，则最好将之脱去或者剃除。此外，还可以选择深色的丝袜对其加以遮掩。

## 五、化妆

所谓化妆，即通过对美容用品的使用来修饰自己的仪容、美化自我形象的行为。简单而言，化妆就是有意识、有步骤地给自己美容。在许多情况下，女教师往往有必要进行化妆。对女教师来讲，进行化妆的重要意义不仅是为了突出、表现个人，更重要的是为了塑造本行业、本学校的鲜明的形象，同时也是为了向自己的交往对象表示尊重和敬意。通过化妆，女教师可以对自己的容貌进行修饰，扬长避短，以便自己光彩照人、精神焕发，从而在人际交往中更为自尊、自信、自爱。有鉴于此，女教师必须遵守有关的化妆规范和礼仪。

大致而言，女教师应从如下四个方面掌握基本的化妆礼仪。

（一）扬长避短

女教师应该在正确认识自己身体条件的基础上进行化妆。其重点是弥补缺陷，即扬长避短。

1. 考虑自身条件　每个人都有互不相同的身体条件，如年龄、身材、肤色、容貌等。对此，必须有正确、客观、实事求是的认识和评价，要明确自己的优势与不足。俗话说，"人贵有自知之明"。女教师一定要实事求是地认识自我。要对自己的身体条件，尤其是不足之处心知肚明，不可有"阿Q精神"，当然也不必自惭形秽，对自己全盘否定。

2．兼顾自身特点　化妆一定要具有针对性。同样的部位，在不同人身上往往需要选择不同的化妆方法，才能达到美化的效果。如果不考虑身体条件的不同，而用千篇一律的化妆方法，或者盲目仿效时下流行的化妆技巧，则往往会贻笑大方。例如，画眉时稍许上挑一些是颇能增加女人味的。但如果自己的眼睛有些下斜，则不宜在画眉时画得太上挑了，否则自己的下斜眼和上挑眉一对比，就更觉眼睛斜得厉害了。

3．弥补自身缺陷　女教师的化妆应当兼顾扬长与避短，但重点应是避短，即弥补协调整体的"美中不足"。强调避短，是使不足减至最低限度，这往往意味着美的增加，故而避短是相当重要的。

例如，有的人手形不好，手指短粗，就不必涂抹彩色指甲油，以免他人过多注意自己粗短的手指。当然，无论扬长还是避短都应当适度，否则往往会弄巧成拙。例如，一个人若有轻微体臭，可洒上一些香水以遮蔽之。但切不可喷洒过多过浓的香水，否则就会是"此地无银三百两"，让人怀疑自己有严重的体臭。

（二）协调统一

化妆的目的，通常不在于追求局部的亮丽，而在于表现个人的整体美。因此，身体各部分的化妆需要协调统一、整体考虑。女教师如果要体现出自己健康的形体、优美的仪容以及充满活力的精神面貌，就必须在化妆时遵循协调性与整体性的原则。

1．协调服饰　在化妆时，应充分考虑所化妆的颜色、浓淡是否与所选择的具体服饰相匹配。不同色调系列的服装，往往需要不同色调的化妆品。不同款式搭配的服饰，通常也需要不同的化妆手法。只有当服饰与化妆适当地组合在一起时，才会显现出整体美。例如，女教师如果身着一套牛仔装时，通常宜选用厚实一点的装扮；而如果身着一套素雅的连衣裙，要给人以轻松之感时，就应选择清淡的装扮。

2．协调部位 一个人化妆的效果是其各部位化妆后的整体显现。各个局部的化妆即使再成功，如果相互之间难以协调在一起，那么化妆也是失败的。例如，单纯的眼部化妆是很突兀的，只有同腮红、口红配合起来，才能有美的效果。如果要突出口部的魅力或口红的色彩，则应节制对眼部的化妆，浓重的眼影显然不利于口部优势的发挥。又如，在面部化妆时，腮红与眼影应当选择同一色系的颜色，而唇膏的色彩则应与彩色指甲油的颜色属于同一色系。只有这样，才能使各部位的化妆协调一致。

3．协调环境 不同的环境，或者不同的场合，往往有不同的自然条件、交际气氛，这就需要女教师的妆容与其相协调、相适应。只有这样，其个人的良好形象才能最充分地体现出来。

（三）浓淡相宜

女教师在严肃或悲伤的场合，宜选用淡妆而不可浓妆艳抹。而在比较欢快的场合，则应在允许的范围内上稍浓一些的妆。女教师在必要时必须进行适当的化妆，从而维护其个人和所在学校的形象，并且表达对交往对象的尊重。但其具体的化妆有浓淡之分，正所谓"过犹不及"。有时女教师需要化妆，并不意味着妆越深越好。在工作岗位上，女教师必须遵循"淡妆上岗"的原则，即化妆应以淡妆为主，切勿浓妆艳抹。

1. 符合身份　教师是向学生传授知识的使者，因此必须使自己平易近人、有亲和力。体现在女教师的化妆方面，就要求其朴实无华，宁淡而勿浓。否则就会给人以不稳重之感，让人怀疑其工作能力与工作态度。平时在工作岗位上，女教师除了必要的修饰，使自己以干净整洁的形象出现外，完全不必进行进一步的化妆。其基本的要求是：宜给人以清新、自然的感觉和踏实、稳重的印象。但在参加某些重要的庆典、仪式和社交活动，尤其是参加外事活动时，为了表达对交往对象的尊重和对活动的重视，可进行进一步的化妆、修饰。例如，女教师可以轻抹口红、淡描眉毛等，但总体上仍以淡雅为宜。

2. 淡雅自然　按照化妆的规则来看，化妆的最高境界是：着妆者化妆后若有若无、浑然天成。人人都会浓妆艳抹，但并不是人人都懂得简单上妆、素雅上妆，妆贵自然。女教师如果恰如其分地将所化之妆融于自己身体各部，而没有粘贴、描绘、雕刻上去的感觉，才是最佳的职业妆。

3. 维护形象　在公务场合里，通常是不允许过分突出性别特征的。因此，女教师切切不可浓妆艳抹而过分地引人注目。如若不然，便会使人觉得其过分招摇和粗俗。为维护自身形象，并不致招人非议，提倡女教师化妆上岗、淡妆上岗。女教师在化妆时必须遵守通行的模式、规则和方法。

## 第四节 教师的表情规范

在人际交往中，表情可信地反映着人们的思想、情感，以及其他一切方面的心理活动与变化。表情礼仪，在此主要是指有关眼神、笑容、面容三方面的具体规范。总的要求是：理解表情，把握表情，并在交际场合努力使自己的表情和蔼、亲切、友善。教师的表情要和蔼。指教师在与其他人的交往中，态度应当温和，不粗暴、不严厉，并且使人感觉易于接近。教师的表情要亲切。指教师的待人接物一定要热情，要令人感到一见如故、没有距离，容易与之亲近。教师的表情要友善在此则是指教师要对人友好、和善，要善于关心、体谅、照顾或帮助别人，要善于同别人和睦相处。

### 一、眼神

对待自己的交往对象，教师的眼神始终都应当是友善的。眼神，是对眼睛的总体活动的一种统称。眼睛是人类的心灵之窗，它能够最明显、最自然、最准确地展示出一个人自身的心理活动。人们在日常生活之中借助于眼神所传递的信息，可被称为眼语。眼语的构成，一般具体涉及角度、部位、时间、方式、变化五方面。

（一）注视的角度

教师注视他人时目光的具体角度，在某种意义上往往意味着与交往对象的亲疏远近。注视他人的常规角度，通常有以下三种：

1. 平视 所谓平视，即视线呈水平状态，它也叫正视。一般适用于在普通场合与身份、地位平等之人进行交往。平视的一种特殊情况是侧视，即位居交往对象一侧，面向着对方进行平视。它的关键之点在于：必须面向对方，否则即为斜视对方，那样做是很失礼的。

2. 仰视 所谓仰视，即主动居于低处，注视的部位抬眼向上注视他人。它通常表示尊重、敬畏之意，主要适用于教师面对其尊长之时。

3. 俯视 所谓俯视，即抬眼向下注视他人，一般适用于教师身居高处之时。它可用以对晚辈表示宽容、怜爱，有时候也可表示表示傲慢或者歧视。在人际交往中，教师的目光所及之处，就是注视的部位。注视他人的部位不同，不仅说明自己的态度不同，而且往往也说明双方之间的具体关系有所不同。在一般情况下，教师在与他人相处时，不宜"目中无人"，或者注视其头顶、大腿、脚部与手部。对异性而言，通常不应注视其肩部以下，尤其是不应注视其胸部、裆部和腿部。

（二）注视的位置

通常允许注视他人的常规部位有以下几处。

1. 额头 注视对方额头，往往表示严肃、认真、公事公办，一般叫做公务型注视，适用于极为正规的公务活动。

2. 双眼 注视对方双眼，往往表示自己聚精会神、一心一意，并且非常重视对方，但其具体时间不宜过久，也叫关注型注视。

3. 眼部 至唇部注视这一区域，往往是教师在社交场合里面对交往对象时所使用的常规方法，因此也叫社交型注视。

（4）眼部 至胸部注视这一区域，往往表示亲近，多用于关系密切的男女之间，故称近亲型注视。

5. 眼部至裆部 它适用于注视相距较远的熟人，亦表示亲近、友善，故称远亲型注视，但并不适用于关系普通的异性。

6. 任意的部位 对他人身上的某一部位随意一瞥，可表示注意，也可表示敌意，可以叫做随意型注视，大多适用于在公共场合里注视陌生人，但对它最好慎用。通常，它也叫瞥视。在人际交往中，尤其是与熟人相处时，教师注视对方时间的长短往往十分重要。在交谈中，听的一方通常应当多注视说的一方，以表示友好、重视，以及对其所谈论的话题颇感兴趣。

（三）注视的时间

1. 表示友善 若对对方表示友善，则注视对方的时间应占全部相处时间的三分之一左右。

2. 表示重视 若对对方表示关注，或者是表示兴趣时，则注视对方的时间应占全部相处时间的三分之二左右。

3. 表示轻视 若注视对方的时间不到相处全部时间的三分之一，往往意味着对其瞧不起或没有兴趣。

4. 表示敌意 若注视对方的时间超过了全部相处时间的三分之二以上，往往表示可能对对方抱有敌意，或是为了寻衅滋事。

（四）注视的方式

注视他人，在交际场合里可以有多种具体方式的选择。教师在具体的注视方式上要有所选择，不要因为注视方式的不妥而影响自己的工作或交流。

1. 直视　所谓直视，即直接地注视交往对象。表示认真、尊重，适用于各种情况。若直视他人双眼，即称为对视。与交往对象进行对视，往往表明自己大方、坦诚，或是关注对方。

2. 凝视　所谓凝视，指的是直视的一种特殊情况，即全神贯注地进行注视。它多用于以表示专注，恭敬。

3. 环视　所谓环视，即有节奏地注视身边不同的人员或事物。它通常表示认真、重视。主要适用于同时与多人打交道，以示自己"一视同仁"。

4. 虚视　所谓虚视，是相对于凝视而言的一种直视。其特点是目光不聚焦于某处，眼神不集中。它多表示胆怯、走神、疲乏，或是失意和无聊。

5. 扫视　所谓扫视，即视线移来移去，注视他人时对其上下左右反复地进行打量。表示好奇、吃惊，但不可多用，对异性尤其应该禁止使用。

6. 睨视　所谓睨视，又叫睥视，即斜着眼睛注视别人。它多表示怀疑、轻视，在一般的情况下应当忌用。与初识之人交往时，尤其应当忌用。

7. 眯视　所谓眯视，即眯着眼睛注视。它往往表示惊奇、看不清楚。其模样不甚雅观，故也不宜用。

8. 盯视　所谓盯视，即目不转睛、长时间地凝视某人的某一部位。它通常表示自己走神或挑衅对方，故不宜多用。

9．他视　所谓他视，即与某人交往时不注视对方，反而望着别处。它往往表示胆怯、害羞、心虚、反感、心不在焉，是不宜采用的一种眼神。

10．无视　所谓无视，即在人际交往中闭上双眼不看对方。它又叫闭视，一般表示疲惫、反感、生气、无聊或没有兴趣。它给人的感觉往往是不太友好，甚至会被理解为厌烦、拒绝。

（五）注视的变化

在人际交往中，教师的目光、视线、眼神都是时刻变化的。它主要表现在以下几个方面。

1．眼皮的开合　人的内心情感变化，往往会使其眼睛周围的肌肉进行运动，从而使其眼皮的开合也产生改变。例如，瞪大双眼表示愤怒、惊愕；睁圆双眼则表示疑惑、不满。眼皮的眨动，一般每分钟 5～8 次。若次数过快，表示活跃、思索；若次数过慢，则表示轻蔑、厌恶。有时，眨眼还可表示调皮或不解。

2．眼球的转动　平时，教师眼球的转动不应当表现得反常。若其反复转动，往往表示在动心思。若其悄然挤动，则表示向人暗示。

3．瞳孔的变化　瞳孔的变化往往显而易见，但却不由自主地反映着人们的内心世界。平时，它变化无多。若突然变大，发出光芒，目光炯炯时，表示惊奇、喜悦、感兴趣。若突然缩小，双目默然无光，即所谓双目无神时，则表示伤感、厌恶、毫无兴趣。

4．视线的交流　在人际交往中，与他人交流视线，常常可以表示特殊的含义。如表示爱憎、地位、补偿、威吓等。具体使用什么眼神往往应当因人、因事而异。教师与他人进行交往时，不交流视线不行，交流视线不当也不行。

## 二、笑容

所谓笑容，指人在笑的时候所呈现出的面部表情。它通常呈现为脸上所露出的喜悦的表情，有时还会伴以口中所发出的欢喜的声音。平时，笑容是人际交往中一种轻松剂和润滑剂，可以缩短彼此之间的心理距离，打破交际障碍，为深入的沟通与交往创造和谐、温馨的良好氛围。在正常情况下，教师应当笑得自然、笑得真诚。

（一）笑的本质

真诚友善的笑容，通常为世界各民族所认同。它的本质是：出于自信、热情和友好。在工作岗位上，面带微笑是对教师礼貌待人的基本要求。在交际场合里，笑容可以使人自然放松，并如沐春风。总的来说，笑容可以发挥以下四个方面的作用。

1．表现乐业敬业　在工作岗位上微笑，往往说明自己热爱本职工作，并且乐于恪尽职守、认真工作。

2．表现心境良好　只有心态平和、心情愉快、心理正常、善待人生、乐观面世的人，通常才会有真诚的微笑。

3．表现充满自信　只有不卑不亢、充满信心的人，才会在人际交往中为他人所真正接受。而面带微笑的教师，则往往说明对自己的个人能力和魅力确信无疑。

4．表现真诚友善　教师以微笑示人，可以反映出自己心地善良、坦坦荡荡、真心待人友善，而非虚情假意、敷衍了事。

（二）笑的种类

在日常生活中，笑的种类很多。它们绝大多数都富于善意，但也有极少数失礼、失仪的笑。出于教师实际需要方面的考虑，在此重点讨论的是合乎礼仪的笑容的种类。这一类的笑容，基本上可分作六种，它们分别是：

1．含笑　含笑是一种程度最浅的笑，它不出声、不露齿，仅是面含笑意，意在表示接受对方、待人友善。其适用范围较为广泛。

2．微笑　微笑是一种程度较含笑为深的笑。它的特点是：面部已有明显变化，唇部向上移动，略呈弧形，但牙齿不会外露。它是一种典型的自得其乐、充实满足、知心会意、表示友好的笑。在人际交往中，其适用范围最广。

3．轻笑　轻笑在笑的程度上较微笑为深。它的主要特点是：面容进一步有所变化，嘴巴微微张开一些，上齿显露在外，大致会露出六颗牙齿。不过仍然不发出声响。表示欣喜、愉快，多用于会见亲友、向熟人打招呼，或是遇上喜庆之事的时候。

4．浅笑　浅笑是轻笑的一种特殊情况。与轻笑稍有不同的是，浅笑表现为笑时抿嘴，下唇大多被含于牙齿之中。它多见于年轻女性表示害羞之时，通常俗称为抿嘴而笑。

5．大笑　大笑是一种在笑的程度上又较轻笑为深的笑。其特点是：面容变化十分明显，嘴巴大张，呈现为弧形；上齿下齿暴露在外，并且张开；口中发出"哈哈哈哈"的笑声，但肢体动作不多。它多见于欣逢开心、尽情欢乐、或是高兴万分的时刻。

6. 狂笑　狂笑是一种程度最深的笑。它的特点是：面容变化甚大，嘴巴张开，牙齿全部露出，上下齿分开，笑声连续不断，肢体动作很大，往往笑得前仰后合，手舞足蹈，泪水直流，上气不接下气。它出现在极度快乐、纵情大笑之时，一般不大多见。

（三）笑的要求

笑的共性在于面露喜悦之色，表情轻松愉快。笑的个性则在于具体的眉部、唇部、声音彼此之间的动作和配合往往不尽相同。以微笑为例，大致上可分为四个步骤：

1. 额部肌肉进行收缩，使眉位提高，眉毛略为弯曲成弯月形。

2. 两侧面颊上的笑肌进行收缩，并稍为向下拉伸，使面部肌肤看上去出现笑意。

3. 唇部肌肉进行配合，唇形稍为弯曲，嘴角稍稍上提，双唇微张，露出牙齿。

4. 自觉地控制发声系统，一般不应发出笑声。

总的讲来，每一名教师在笑的时候具体应当注意到下列三个方面：

（1）声情并茂　笑的时候，教师应当做到表里如一，令笑容与自己的举止、谈吐相辅相成，锦上添花。切勿脸上挂笑，出言不逊，举止粗鲁或是语言高雅，却面无笑意。

（2）气质优雅　真正的笑应当发自内心。教师不仅要讲究笑的适时、尽兴，更要讲究笑时要精神饱满、气质典雅。因为它非常自然地反映着人们的文化修养和精神追求。

（3）表现和谐　在笑的时候，教师要使自己的眉、眼、鼻、口、齿以及面部肌肉和声音协调行动，让各个部位运用到位，不温不火，不至于顾此失彼，笑得勉强做作。在正式场合笑的时候，尤其不能假笑、冷笑、怪笑、媚笑、怯笑或者窃笑，当然更不能狞笑。

## 三、面容

所谓面容，通常指的是人们面部所显示出的综合性表情。它既对眼神、笑容起辅助作用，也可以自成一体，表现其独特的含义。

面容所显示的表情，通常具有以下两重性特征：

（1）变化迅速，极少凝固不变。

（2）彼此配合，往往彼此合作。根据一般规律，通过面容所显示的表情，既有面部各部分予以局部显示的，也有它们彼此合作、综合表示的。

（一）局部的显示

在人际交往中，教师的眉毛、嘴巴、下巴、鼻子、耳朵往往都可以独立地显示其表情。眉毛以眉毛的形状的变化所显示的表情，一般叫做眉语。

除配合眼神外，教师的眉语往往可以独自地表示某些含义。

其常见者有以下五种：

1．皱眉型　即眉头紧皱，表示困窘，或者不赞成、不愉快。

2．耸眉型　即努力使眉峰耸起，表示恐惧、惊讶或欣喜。

3．竖眉型　即将眉角下拉，表示气恼、愤怒。

4．挑眉型　即将单眉上挑，表示询问或疑问。

5．动眉型　即令眉毛上下迅速动作，表示愉快、同意或亲切。

嘴巴除显示笑容外，教师的嘴巴也可用以表示具体的心理状态。平时，它主要以嘴唇的闭合、嘴角的动向来体现。其常见者有以下七种：

（1）张嘴　即嘴巴大开，表示惊讶、恐惧。

（2）咬嘴　即咬紧嘴唇，表示自省或自嘲。

（3）抿嘴　即含住嘴唇，表示努力或坚持。

（4）撅嘴　即撅起嘴巴，表示生气或不满。

（5）撇嘴　即嘴角一撇，表示鄙夷或轻视。

（6）努嘴　即嘴巴努向某方，表示怂恿或支持。

（7）拉嘴　即拉着嘴角。上拉表示倾听，下拉则表示不满或固执。

下巴常见的以下巴所显示的表情，主要有如下六种：

（1）收起下巴　表示隐忍。

（2）缩紧下巴　表示驯服。

（3）耷拉下巴　表示困乏。

（3）突出下巴　表示攻击。

（5）前伸下巴　表示自大。

（6）下巴指人　表示骄横。

以鼻子所显示的表情，常见的主要有以下五种：

（1）挺鼻　表示倔强或自大。

（2）缩鼻　表示拒绝或厌弃。

（3）皱鼻　表示好奇或吃惊。

（4）抬鼻　表示轻视或歧视。

（5）摸鼻　表示亲切或重视。

耳朵与鼻子一样，耳朵不可能有较大的动作变化。常见的以耳朵所显示表情的有下列四种。

（1）侧耳　表示关注。

（2）耸耳　表示吃惊。

（3）捂耳　表示拒绝。

（4）摸耳　表示亲密。

（二）综合的显示

在上述各个局部中，眉毛的表现力最强，嘴巴次之，下巴又次之，鼻子与耳朵的表现力则最弱。有些时候，它们大多组合在一起以显示特定表情。常见者主要有如下几种：

1. 表示快乐　此刻眼睛会睁大，嘴巴会张开，眉毛常会向上扬。

2. 表示兴奋　此刻眼睛会睁大，嘴角会微微上翘。

3. 表示兴趣　此刻嘴角会向上，开合。

4. 表示爱慕　此刻嘴角会上扬，眉毛会轻扬，瞳孔会放大，瞥视对方时间较长。

5．表示敌意　此刻嘴角会拉平或向下，会皱眉、皱鼻，同时会稍稍一瞥。

6．表示发怒　此刻嘴角会两侧拉平，眉毛会倒竖，眼睛会大睁。

7．表示观察　此刻会微笑，眉毛会拉平，会平视或视角向下。

8．表示严肃　此刻嘴角会抿紧，或者会微笑向下拉，眉毛会拉平，会注视额头。

9．表示无所谓　此刻会微笑，会平视，眉毛会展平，整体面容表现平和。

10．表示安静　此刻嘴角、眉毛、鼻子皆会平位，眼睛会平视。此即所谓"喜怒不形于色"。


## 第五节　教师的举止规范

在人际交往中，人们的举止往往备受其交往对象的关注。所谓举止，在此指的是人们在日常生活中的活动、动作，以及身体各部分在其具体过程中所呈现的姿态。

平日里人们所推崇的风度和气质，通常指的就是训练有素的、优雅的、具有无比魅力的举止。在实际工作里，一名教师总有其一系列的举止行为呈现在其他人的面前。人们的举止，由于在日常生活里时刻都在自觉地或不自觉地表露着其思想、情感以及对外界的反应，因此被视作一种无声的语言，又称第二语言或副语言。教师在其具体人际交往中，尤其是在正式场合里，一定要力求举止有度。

# 一、基本规范

基本规范教师在公共场合的举止，往往可以反映出其综合素质与内在修养。特别是在与外界进行交流的时候，教师在这方面给别人所留下的印象，就常常成为其彼此之间进一步了解和交往的重要依据。因此，教师在公务场合里应当自觉地遵守举止礼仪，以便使自己的举止行为符合规范。对教师而言，遵守举止礼仪，即要求其举止合乎约定俗成的基本的行为规范。

（一）举止文明

它的关键是要求教师的个人举止必须做到文明、优雅、敬人、有度。

1．举止文明　教师的举止应自然、大方、高雅而不粗俗，以表现其良好的文化素养。

2．举止优雅　教师的举止应规范而美观，得体而适度，并且看起来不卑不亢、风度翩翩。

3．举止敬人　教师的举止应体现出对对方的尊重、友好与善意。

4．举止有度　教师的举止应适当、适时、适宜，能够配合相关的场合，并且符合常规。作为一名现代人，举止文明是对教师的举止行为所提出的最基本的要求。

要求教师做到举止文明，具体而言，不仅要求其举止行为可以显示出自身的良好教养，而且还要求其举止行为可以显示出自身的稳重与成熟。多加检点在任何情况下，一名有教养的教师都会对自己的举止行为多加检点，并且对一些与此相关的具体细节倍加重视。因为一个人的"内在美"通常有赖于"外在美"来进行表现，一个人的基本教养与基本素质往往体现在其举止行为的具体细节之中。例如，在公共场合，乱扔果皮纸屑，随地吐痰，或者用手指去抠鼻孔、掏耳朵、剔牙，在外人面前整理个人服饰，都是极其不礼貌的个人举止。

再如，每一个文明人，都不应在公共场合吸烟。吸烟不但对本人的身体有害，而且还会污染室内空气。在一般公务场合里，均不得以香烟招待客人。即使客人自备香烟要吸，也应该事先征得主人与周围人员的同意，或者自觉地前去指定的吸烟场所。稳重成熟平时，教师的举止行为应该适当地显示出其稳重与成熟。这样做，不仅可以说明自己的阅历丰富，而且也可以显示自己处事有方，进而更好地赢得他人的信任。

因此，教师应努力做到稳健沉着、不温不火、有条不紊、泰然自若。例如，在公共场合里，千万不要大声喧哗。尽管中国人习惯于爽直大方，但不宜在公共场合放开嗓门大声喧哗，也不应旁若无人地高声谈笑。在相互交谈时，教师声音的大小，应当以能够使谈话对方听得清楚为适宜。再如，说话时，教师的手势不要过多，也不能用手指或刀叉、筷子直接指着对方说话。那样做，往往会显得自己既不礼貌，又太过于霸气。又如，在图书馆、博物馆、医院等公共场所，教师应当保持绝对安静。在举行隆重的仪式时，或是在听演讲、出席音乐会时，教师要保持肃静。

不急不躁在日常生活里，教师还应当努力地使自己的举止行为不急不躁，切忌显得风风火火。例如，在室外走动时，教师一般应当保持正常速度，不宜快步疾走，或者狂奔而去。前去拜访他人时，应首先敲门或者按响门铃，获得许可后方可入内。千万不能直接推门而入，也不能用拳擂门或是用脚踢门。与尊长通电话时，一般应当由对方首先终止通话，在对方终止通话前就抢先挂上电话，是十分没有礼貌的。

（二）举止优雅

作为一种较高层次上的要求，教师的举止行为应当力求优雅。既要使之高雅脱俗，又要使之给人以美感。所谓举止优雅，在此就是要求教师的举止动作漂亮好看。也就是说，它一定要看起来美观、大方、自然，能够给人以赏心悦目的感觉。

1. 举止美观  所谓举止美.观，在此是要求教师的举止行为雅致耐看，可给人以美感。例如，要站有站相，坐有坐相。坐时腿不能摇晃，更不要跷着二郎腿；女士则要双腿并拢。站立时身子不要歪靠一旁，也不能半坐在桌子上或椅背上。走路时脚步要轻。不要当别人正在交谈或照相时从其中间穿越而过。在剧场、音乐厅、电影院里，如必须从别人的座位之前穿越时，则必须对在座的入说一声"对不起"，并且侧身而过。

2. 举止大方  所谓举止大方，在此是要求教师的举止要显得洒脱、大方、不卑不亢。例如，在面对交往对象时，不论对方是熟人还是生人，是同性还是异性，教师都要敢于正视对方，以示对对方的尊重。否则就会给人以过于害羞、小家子气的感觉，甚至会让对方产生自己目中无人或心怀不轨的感觉。

3. 举止自然　所谓举止自然，在此是要求教师的举止不能够给人以勉强、局促、呆板、虚假、做作之感。

因此，举止自然的关键，就是要求教师在举止行为上力求美观大方的同时，一定要做到顺理成章或水到渠成，努力避免过分程式化、过分脸谱化和过分戏剧化。

否则，就会使教师的举止行为显得勉强、做作、敷衍了事，或者矫揉造作、华而不实。每一个人的举止，往往都会展现出自己对待他人的基本态度与看法。在一般情况下，教师应该诚心诚意地通过自己的举止行为向其交往对象表达敬重之意。这就是举止敬人的基本含义。

（三）举止敬人

具体而言，举止敬人有以下两方面的要求。

1. 表达重视　人们的具体的举止行为，往往可以向别人表达自己的重视之意。例如，行进时，自己主动走在前面为贵宾开道、开门，即表示自己非常地重视对方。

2. 表达敬意　人们具体的举止行为通常还可向他人表示自己的敬意。例如，教师在其尊长面前正襟危坐、不苟言笑有时也是对对方的一种尊重。举止有度，在此即要求教师在正式场合里应当使自己的一切举止行为合乎常规，符合身份，适应对象，并且注意其具体的场合。只有举止行为真正地"度"，教师才称得上举止得体。

（四）举止有度

1. 热情有度　在人际交往中，待人热情的人通常都最受欢迎。但作为教师则一定要遵守"热情有度"的基本规则。具体而言，在工作和生活中，教师既要为人热情，又要具体把握好为人热情的基本分寸。例如，自己的所作所为，应当不影响对方、不妨碍对方、不给对方平添麻烦、不令对方感到不快或不便、不干涉对方的私人生活、不损害对方的个人尊严。千万不要因为过度热情或热情越位，而最后导致自己好心办了坏事。

2．动作适度　所谓动作适度，此处主要是要求教师在平时必须有意识地控制自己的肢体动作的幅度，并适度减少自己的肢体动作，从而使自己的举止行为不至于让别人感到过分地夸张，或者被人误解。一个动作适度的人，往往会给人以教养良好、稳重和成熟的感觉。

## 二、具体要求

在了解了上述四项规范之后，教师还应当掌握对其在手势、坐姿、行姿、卧姿等方面的具体要求。

（一）手势

一个人的手势，通常可表达一定的信息、思想甚至情感。对教师来讲，具体手势的应用主要需要注意以下三点：规范手势所谓规范手势，指教师的手势在其正式场合里的运用首先应当合乎标准和惯例。当教师站立或行走时，通常可以选择两手垂放或者背手，这是最基本的手势。

两手垂放，有下列两种方式：一是双手自然下垂，掌心向内，叠放或相握于腹前。二是双手下垂，掌心向内，分别贴放于大腿两侧。所谓背手，则是指两臂伸到身后，双手相握，同时昂首挺胸。但要注意，背手有时候容易给人留下盛气凌人的感觉。因此，在正式场合，或者有领导和长辈在场的情况下，一定要慎用背手。教师若要以手持物时，则具体做法多样。既可以用一只手，也可以用双手。但最关键的是，拿东西时应动作自然，五指并拢，用力均匀。

一定要注意：不应翘起无名指与小指，否则会显得成心作态。当教师需要为他人引导或指示方向时，标准的手势应当是：伸直并拢的手指，掌心向上，腕关节伸直，指尖与手臂形成一条直线，先指向被引导者的身躯中段，随后再指向其应去之处。若是掌心向下则是极其不礼貌的。表扬他人时，教师可以伸出右手，翘起拇指，指尖向上，指腹面向被称道者。

但在交谈时，不应当将右手拇指竖起来反向其他人。它往往意味着自大或藐视。以之自指鼻尖，也有自高自大、不可一世之意。表示欢迎、祝贺或支持时，教师可以鼓掌致意。其正确的手势是：以右掌有节奏地拍击左掌。若有必要，可站立起来并高兴双手鼓掌。不过，社会上也流行以鼓掌来表示讽刺、反对、拒绝、驱赶之意，这被称作是"鼓倒掌"。对教师来说，鼓倒掌的情况是应当严禁出现的。

少用手势：在一般情况下，教师的手势以少用为佳。教师在公务活动中，通常应当表现得精明强干、含蓄稳重、处变不惊。虽然适当地使用一些得体的手势可以辅助语言来增强表达能力，但总的来说，最好还是少用手势为妙。避免犯忌对教师而言，其手势的具体使用千万不要犯忌，尤其是要避免使用不卫生、不稳重或失敬于人的手势。

例如，在他人面前搔头皮、掏耳朵、剜眼屎、抠鼻、剔牙齿、抓痒痒、摸脚等这样一些手势，均为极不卫生、令人恶心的手势。

在大庭广众之前，双手乱动、乱摸，或是咬指尖、抬胳膊、抱大腿、拢脑袋等等，都是应当禁止的手势。在熟人面前，无论是站是坐，都不宜将双手插入衣兜，或是手端双臂。此外，掌心向下挥动手臂，勾动食指或除拇指外的其他四指招呼别人，也属于失敬于人的手势。使用自己的手指指点他人，即伸出一只手臂，用食指指向他人，其余四指握拢这一手姿，因其含有指责、教训之意，尤为失礼。

（二）坐姿

所谓坐姿，即人在就座之后所呈现出来的姿势。在一般的情况下，坐姿往往是教师所采用得最多的姿势。每一种正确的坐姿都要兼顾其深浅、角度、舒展三方面的问题。

1. 坐的深浅　即坐下时臀部与座位所接触面坐有深坐、浅坐之别。所谓深积的多少。

2. 坐的角度　它在此指的是坐定后上身与大腿、大腿与小腿所形成的角度。平时，人们的具体坐姿，往往因为其角度的大小而有所不同。

3. 坐的舒展　指入座前后就座者手、腿、脚的具体舒张、活动程度。其舒展与否，往往与交往对象相关，可间接反映双方关系。坐姿的重点，自然是指坐定后的姿势。但对就座时的姿势，教师也要略知。

4. 就座姿势　就座，即走向座位直到坐下这一整个过程，它是坐姿的前奏，也是重要组成部分。举止礼仪对其中的各个重要环节均有规范。

（1）讲究顺序　与他人一起入座时，一定要讲究先后顺序。届时必须礼让尊长，不能抢在来宾、长辈、上司或者女性前就座。通常说来，就座时合乎礼仪的顺序有两种：一是优先尊长，即请位尊之人首先入座。二是同时就座，适用于在平辈人或者亲友同事之间。对教师而言，一定要切记：无论如何，抢先就座都是失态的表现。

（2）区分方位　就座者不论从什么具体方位走向其座位，通常都讲究从左侧一方走向自己的座位，并且从左侧一方离开自己的座位。这种方式简称为"左进左出"，是在正式场合一定要遵守的礼仪规范。此外，在就座时，应转身背对座位。如距其较远，可以右脚后移半步，等到腿部接触座位边缘后，再轻轻坐下。穿着裙装的女性入座，通常应用双手先拢平裙摆后再坐下。

（3）落座无声　在就座的整个过程中，教师不但不能与人争抢，而且还要注意：不论移动座位还是坐下时，都不能发出嘈杂的声音。改变坐姿时，同样也不宜出声。这是因为不慌不忙、悄无声息，本身就体现着一种尊重他人的教养。

坐定后的姿势是坐姿中最重要的姿势，也是最能体现教师职业素养的一种姿势。在坐定后，教师一定要注意以下五个方面的具体问题：

第一，不宜满座　在较为正式的场合，或有尊长在座时，教师通常坐下之后不宜坐满整个座位，而是应该根据其座位的具体高低来选择具体的坐姿，一般说来，只占据椅子三分之二即可。

第二，上身挺直　在就座后，教师一定要挺直上身，头部端正，目视前方或面对交谈对象。在一般情况下，不可身靠座位的背部，也不允许仰头靠在座位背上，或是低头注视地面。至于左顾右盼、闭目养神、摇头晃脑，则是绝对不允许的。

第三，双手安稳　坐下之后，教师的双手要尽量减少不必要的动作。此刻，不应当以双手端臂、双手抱于脑后、双手抱住膝盖，或者以手抚脚、摸脚。双手夹在大腿中间，也应该避免。通常说来，坐定之后，双手应掌心向下，叠放于大腿之上，或是放在身前的桌面之上。侧坐之时，双手以叠放或相握的姿势放置于身体侧向的那条大腿上，则最为适宜。

第四，双腿并拢　当自己面对尊长或贵客而又无屏障坐下时，双腿应当并拢。具体来讲，男教师就座后双腿张开一些，但不应当宽于其肩宽。女教师就座后，特别是身着短裙时，务必并拢大腿。

在非正式场合，允许坐定之后双腿叠放或斜放。但在双腿交叉叠放时，应力求做到膝部之上的并拢。双腿斜放，以与地面构成 45 度夹角为最佳。不要在尊长面前高翘"二郎腿"，不要两腿直伸开去，也不要反复抖动不止。不要骑在座位之上，或把腿架在其他高处。

第五，双脚垂地　教师在落座之后，脚部应该自然下垂，直接置于地面之上。脚尖应面对正前方或朝向侧前方。切勿在坐定后将脚抬得过高，以脚尖指向他人，或是使对方看到自己的鞋底。不要在坐下后脱鞋子、脱袜子。不要以脚踩其他物体，双脚不要勾住桌脚，更不要两脚脚跟着地，脚尖朝上，摇荡抖动不止。

离座时，应当注意符合礼仪的具体序列。通常应当请交往对象优先，或与之同时起立。不要突然跳起，免得惊吓他人。也不要因不注意而弄出声响，或把身边东西弄到地上去。在离开座位时，应从左处起身退出，并且一定要记得随手把椅子摆放到原来的位置，以显示自己良好的教养。

（三）立姿

立姿往往又叫站姿、站相，它所指的是人在站立时所呈现出来的具体姿态。平时，立姿是人的最基本的姿势，同时也是其他一切姿势的基础。通常，它是一种静态姿势。教师在站立时应当显得挺拔而庄重。即身体站直、挺胸收腹、双腿并拢、双脚微分、双肩平直、双目平视、头部保持端正。此即所谓"站如松"。

（四）行姿

行姿在此具体指的是人们在其行走的过程中所形成的姿势。它又被称作走姿或步态。它自始至终都处于动态之中，属于人的全身性的综合活动，重点则在行进中的脚步之上。讲究行姿，可以体现出人们的个人风采和精神面貌。举止礼仪对行姿的总体要求是：矫健、轻松、匀速、优美、不慌不忙、稳重大方。

基本行姿教师在行走时要全面、充分地兼顾以下四方面具体问题：

1．昂首挺胸　在行走时，教师一定要面朝前方，双眼平视，头部端正，胸部挺起，背部、腰部、膝部尤其要避免弯曲。总之，要使自己的全身看上去形成一条直线。

2．直线前进　在行进时，教师应当保证步幅大小适中。双脚两侧行走的轨迹，大体上应当呈现为一条直线。与此同时，还要克服自己身体在行进中的左右摇摆，并使腰部至脚部始终都保持以直线的形状进行移动。

3．两臂摆动　行进时，双肩、双臂都不可过于僵硬呆板。双肩应当平稳，并且力戒摇晃。两臂则应自然地、一前一后地、有节奏地摆动。在摆动时，手腕要进行配合，掌心要向内，手掌要向下伸直。摆动的幅度以30度左右为佳。此刻，不要双手横摆，或同向摆动。

4．匀速前进　教师行进时向前伸出的那只脚应保持脚尖向前，不要向内或向外。在某一阶段中行进的速度要均匀，要有节奏感。此外，全身各个部分的动作要相互协调、配合，要表现得轻松、自然。

# 第三章　教师的语言礼仪（上）

## 第一节　教师的礼貌用语

语言礼貌，是现代文明社会的首要标志之一。在人际交往的具体过程中，恰到好处地使用礼貌用语，既可以表现出使用者的亲切、友好、和蔼与善意，也能够传递出使用者对交往对象尊重、敬佩的信息，因此将有助于双方之间互相产生好感，相互达成谅解。

在工作岗位上，准确而适当地运用礼貌用语，是对广大教师的一项基本要求，同时也是其做好本职工作的基本前提之一。礼貌用语对于教师行业而言是有其特殊界定的。要求教师在其工作岗位上所使用的礼貌用语，主要是指在其工作过程之中表示教师自谦与恭敬之意的一些约定俗成的语言及其特定的表达形式。在一般情况下，教师在与交往对象进行交谈时，礼貌用语的运用通常极为普遍。

## 一、主要特点

教师在其工作岗位之上所具体使用的礼貌用语，大致上具有以下三个主要特点：

（一）主动性

在工作之中使用礼貌用语，应当成为广大教师主动而自觉的行动。唯其如此，礼貌用语的使用方能口到、心到、意到。正是出于这一原因，教师在与交往对象进行语言交际时，应率先主动地采用礼貌用语。教师在其日常工作中对礼貌用语的主动使用，就是其所具有的主动性特点。

（二）约定性

在工作岗位上，教师经常使用的礼貌用语，在其具体的内容与形式上往往都是约定俗成、沿用已久、人人皆知的。所以，对其只宜完全遵从，而不宜"另辟蹊径"。不然的话，就难以得到认同，而且也难以发挥礼貌用语的功效。教师在其日常工作中所使用的礼貌用语的这种约定俗成，就是其所具有的约定性特点。

（三）亲密性

教师在其日常工作中具体运用礼貌用语时，往往还必须力求做到亲切而自然。即要让其交往对象听在耳中，暖在心里，并且心领神会。在运用礼貌用语时，教师必须是诚心所致、不落俗套，而非甜言蜜语、巧言令色、阿庚奉承，让人肉麻。

## 二、常用类型

按照教师礼仪的规范，教师在工作岗位上使用的礼貌用语，往往有其特定的适用场合。而不同场合里所使用的礼貌用语，在具体内容与形式上通常又各有其特殊的要求。

假如依照特定的使用场合来进行区别，教师常用的礼貌用语一般可以被划分为问候语、迎送用语、请托用语、征询用语、应答用语、赞赏用语、祝贺用语、推托用语、道歉用语等几种类型。以下，将分别对其主要内容、形式及其运用时的基本要求进行扼要介绍。

（一）问候用语

问候，又叫问好或打招呼。它主要适用于人们在公共场所里相见之初时，彼此向对方询问安好，致以敬意，或者表达关切之意。在工作岗位上，一般要求教师对问候用语勤用不怠。具体来讲，适宜使用问候用语的主要时机有五：一是主动服务于他人时；二是他人有求于自己时；三是他人进入本人的工作区域时；四是他人与自己相距过近或是四目相对时；五是自己主动与他人进行联络时。进行问候，通常应当是相互的，即问候应当有来有往，有问有答。

按惯例，在正常情况下，应当由身份较低之人首先向身份较高之人进行问候。在工作之中，自然应当由教师首先向交往对象进行问候。如果被问候者不止一人时，则教师对其进行问候时，有三种方法可循。一是统一对其进行问候，而不再一一具体到每个人。例如，可问候对方："大家好"、"各位午安"。二是采用"由尊而卑"的礼仪惯例，率先问候身份高者，然后问候身份低者。三是以"由近而远"为先后顺序，首先问候与本人距离近者，然后依次问候其他人。当被问候者身份相近时，一般应采用这种方法。

当交往对象首先向教师进行问候时，教师有必要采用适当的内容和形式回敬对方一句问候。不要忘记，在这种情况下，"来而不往，非礼也"。问候他人时，具体内容应当既简练又规范。通常，适用于教师采用的问候用语，主要分为下列两种。标准式问候所谓标准式问候，即直截了当地问候对方。

其常规做法是：在问好之前，加上适当的人称代词，或者其他尊称。例如，"你好"、"您好"、"各位好"、"大家好"、"谭小文好"、"王大军好"、"包老师好"、"祁校长好"。

时效式问候时效式问候用语，即在一定的时间范围之内有作用的问候用语。它的常见做法，是在问好、问安之前加上具体的时间，或是在二者之前再加以尊称，例如，"早上好"、"早安"、"中午好"、"下午好"、"午安"、"晚上好"、"周末好"、"小汪早安"、"同学们下午好"、"赵老师晚上好"。一些非正式的问候用语，例如"吃饭了吗"、"忙什么呢"、"近来好吗"、"日子过得怎么样"等等，均不宜在工作岗位上采用。它们亦称作问答式问候用语。

（二）迎送用语

迎送用语，主要适用于教师在自己的工作岗位之上欢迎或送别交往对象。具体而言，它们又可划分为欢迎用语与送别用语，二者分别适用于迎客之时或送客之际。

应当强调的是，在工作过程之中，教师不但要自觉地采用迎送用语，而且还必须对于欢迎用语、送别用语一并配套予以使用。做到这一点，才能使自己的礼貌待客有始有终。欢迎用语所谓欢迎用语，又叫迎客用语。顾名思义，它自然适用于客人光临之时。客人光临之初，教师的欢迎用语是不能不用的。

一般而言，教师在使用欢迎用语时，有三点应予注意。第一，欢迎用语往往离不开"欢迎"一词的使用。在平时，最常用的欢迎用语有："欢迎"、"欢迎光临"、"欢迎您的到来"、"莅临本校，不胜荣幸"、"见到您很高兴"、"恭候光临"。第二，在客人再次到来时，应以欢迎用语表明自己记得对方，以使对方产生被重视之感。具体做法是在欢迎用语之前加上对方的尊称，或加上其他专用词。例如，"王经理，欢迎光临"、"陈老师，我们又见面了"、"欢迎再次光临"、"欢迎您又一次光临本校"。

（三）送别用语

所谓送别用语，又叫告别用语。它仅只适用于送别他人之际。在使用送别用语时，经常需要同时相机采用一些适当的告别礼。最为常用的送别用语主要有"再见"、"慢走"、"走好"、"欢迎再来"、"一路平安"、"一路顺风"、"多多保重"等。使用送别用语时，通常有以下两条应当注意：第一，不要忘记使用。不论此次交往成果如何，教师都应当一如既往地保持风度，千万不要在对方离去时默不作声。第二，不要加以滥用。在一些特殊的领域里，有些送别语假如使用不当，便会令人感到不甚吉利。例如，在医院，对于病愈出院者，就不宜说"欢迎再来"。

（四）请托用语

主要是指在请求他人帮忙或是托付他人代劳时，照例所应当使用的专项用语。在工作岗位之上，任何教师都免不了会有求于人。不论是需要理解，还是寻求帮助，诚恳地使用请托用语，对广大教师而言都是非常必要的。在一般情况下，教师经常使用的请托用语主要可以分为以下三种。

标准式请托它的基本内容，主要就是一个"请"字与其他语言的组合，例如，使用"请稍候"、"请让一下"等，往往比使用"稍候"、"让一下"更容易为自己的交往对象所接受。求助式请托这一形式的请托用语，最为常见的有："劳驾"、"拜托"、"打扰"、"借光"、"请关照"等等。它们往往是在向他人提出某一具体的要求，例如请人让路、请人帮忙、打断对方的交谈，或者要求对方照顾一下自己时，才予以使用。

组合式请托有些时候，教师在请求或托付他人时，往往会将标准式请托用语与求助式请托用语混合在一起使用，这便是所谓的组合式请托用语。"请您帮我一个忙"、"劳驾您替我扶一下这件东西"、"拜托您为这位大爷让一个座位"等等，都是较为典型的组合式请托用语。

（五）致谢用语

致谢用语，有时又称道谢用语、感谢用语。在人际交往中，使用致谢用语，往往意在表达自己的感激之意。适当地运用致谢用语，可以使自己的心意为他人所领受，而且也可借以展示本人的良好修养，正所谓"礼多人不怪"。但若是应当道谢之时却不说一句致谢用语，则会使人极为不快，甚而产生反感。

对于教师来讲，在下列六种情况下，理应及时使用致谢用语，以向他人表明自己的感激之情：一是获得他人帮助时；二是得到他人支持时；三是赢得他人理解时；四是感到他人善意时；五是婉言谢绝他人时；六是受到他人的赞美时。致谢用语在实际运用时内容或有变化，不过从总体上讲，基本上可以被归纳为三种基本形式。

标准式致谢它的主要内容，通常只包括一个词汇——"谢谢！"在任何需要致谢之时，均可采用此种致谢形式。在许多情况之下，如有必要，在采用标准式致谢用语向人道谢时，还可以在其前后加上尊称或人称代词，如"金先生，谢谢"、"谢谢郑老师"、"感谢您"等等，这样做可使对象性更为明确。加强式致谢有时，为了强化感谢之意，可在标准式致谢用语之前，加上某些副词。此即所谓加强式的致谢用语。对其若运用得当，往往会令人感动。最常见的加强式致谢用语有："十分感谢"、"万分感谢"、"非常感谢"、"多谢"等。

具体式致谢具体式的致谢用语，一般用于因为某一具体事宜而向人致谢时。在致谢时，致谢的原因通常会被一并提及，例如，"有劳您了"、"让您替我们费心了"、"上次给您添了不少麻烦"、"那件事情您太为我操心了"等等。

（六）征询用语

工作之中，教师往往需要以礼貌的语言主动向其交往对象进行征询，此时，唯有使用必要的礼貌语言，才会取得良好的反馈。征询用语，就是教师此时应当采用的标准礼貌用语。有时，它也叫做询问用语。

教师在自己的岗位上服务于人时，遇到下述五种情况，一般应当采用征询用语：一是主动提供帮助时；二是了解对方需求时；三是给予对方选择时；四是启发对方思路时；五是征求对方意见时。必须注意的是：教师在具体使用征询用语时要把握好时机，并且还需兼顾交往对象态度的变化，切勿随意对其滥用，从而令人产生我方人员强加于人之感。在正常情况下，教师应用最广泛的征询用语主要有三种。

主动式征询它多适用于主动向交往对象提供帮助之时。例如，"需要帮助吗"、"我能为您做点儿什么"、"您需要问什么问题"、"您想要什么"。它的优点是节省时间，直截了当。缺点则是稍微把握不好时机的话，便会令人感到有些唐突、生硬。

封闭式征询它多用于向交往对象征求意见或建议之时。它往往只给对方一个选择方案，以供对方及时决定是否采纳。例如，"您觉得这个答案怎么样"、"您不来上一杯咖啡吗"、"您是不是很喜欢这种颜色"、"您是不是想先来试一试"、"您不介意我来帮助您吧"等等。

开放式征询有时，它也叫选择式的征询用语。它基本的做法，是提出两种或两种以上的方案，以供对方有所选择。这样做，往往意味着尊重对方。例如，"您需要这一种，还是那一种"、"您认为这个答案正确，还是那个答案正确"、"这里有红色、黑色、白色三种，您更喜欢哪一种颜色的"等等。

（七）应答用语

应答用语，在此特指教师在工作岗位上用来回应他人的召唤，或是在答复其询问之时所使用的专用语。在此过程之中，教师所使用的应答用语是否规范，往往直接地反映着他的工作态度与语言技巧。在工作过程之中，教师随时都有可能使用应答用语，由此可见其使用范围之广。教师在使用应答用语时，基本的要求是：随听随答、有问必答、灵活应变、热情周到、尽力相助、不失恭敬。

就应答用语的具体内容而论，它主要可以分为三种基本形式。在某些情况下，它们往往相互之间可以交叉使用。

肯定式应答平时，它主要用来答复交往对象的请求。重要的是，一般不允许教师对其交往对象说"不"，更不允许对其置之不理。这一类的应答用语主要有："是的"、"好"、"随时为您效劳"、"听候您的吩咐"、"很高兴能为您服务"、"我知道了"、"好的，我明白您的意思"、"我会尽量按照您的要求去做"、"一定照办"等等。

谦恭式应答当交往对象对于被提供的招待、服务表示满意，或是直接对相关人员进行口头表扬、感谢时，一般宜用此类应答用语进行应答。它们主要有："这是我的荣幸"、"请不必客气"、"这是我们应该做的"、"请多多指教"、"您太客气了"、"过奖了"等等。

谅解式应答在交往对象因故向自己致以歉意时，应及时予以接受，并表示必要的谅解。常用的谅解式应答用语主要有："不要紧"、"没关系"、"不必"、"我不会介意"等等。

（八）赞赏用语

赞赏用语，主要适用于人际交往中称道或者肯定他人之时。及时而恰当的赞赏，等于是接受自己的交往对象，或是对其所作所为做出正面的认可。从实际效果来看，它既可以激励别人，促使其正视自己、好上加好，也可以促进或改善双方之间的人际关系。应当指出的是，教师在工作岗位之上对交往对象使用赞赏用语时，讲究的主要是少而精和恰到好处。

切不可视之为讨好交往对象的一剂灵丹妙药，以为多多益善。实际上，运用赞赏用语讲究宁缺毋滥。在实际运用中，常用的赞赏用语大致上分为下列三种具体形式。有时，它们可以混合使用。

1. 评价式赞赏　它主要适用于教师对交往对象的所作所为在适当之时予以正面评价之用。经常采用的评价式赞赏用语主要有："太好了"、"真不错"、"对极了"、"相当棒"等等。认可式赞赏当交往对象发表某些见解之后，往往需要由教师对其是非直接做出评判。在对方的见解的确正确时，一般应对其做出认可。例如，"您的观点非常正确"、"就是您说的那么一回事"、"没错，没错"、"的确如此"等等。

2. 回应式赞赏　回应式的赞赏用语，主要适用于交往对象夸奖教师之后，由后者回应对方之用。例如，"哪里，哪里，我做得还不够"、"我做得不像您说得那么好"、"承蒙夸奖，真是不敢当，不过得到您的肯定，的确让我开心"等等。

（九）祝贺用语

在具体的工作过程之中，教师往往有必要向交往对象适时地使用一些祝贺用语。在不少场合这么做不但是一种礼貌，而且也是一种人之常情。在工作过程之中，向交往对象道上一句真诚的祝贺，通常能令"人逢喜事精神爽"的对方更加开心。祝贺用语非常之多，适且教师在其工作之中所使用的主要有以下两种具体形式。

1. 应酬式祝贺在各种一般性的场合，它往往被用来祝贺交往对象顺心如愿。其具体内容往往各异，因此在使用它们的时候，通常要求对对方的具体情况多少有所了解。常见的应酬式祝贺用语主要有："祝您成功"、"祝您好运"、"一帆风顺"、"心想事成"、"身体健康"、"龙马精神"、"事业成功"、"生意兴隆"、"向您祝贺"、"生活如意"、"祝贺新婚"等等。

2. 节庆式祝贺此种祝贺用语主要在节日、庆典以及对方喜庆之时使用。它的时效性极强，但却通常缺少不得，例如，"节日愉快"、"活动顺利"、"仪式成功"、"新年好"、"周末好"、"假期愉快"、"春节快乐"、"生日快乐"、"新婚快乐"、"白头偕老"、"福如东海"、"寿比南山"、"旗开得胜"、"马到成功"等等。

（十）推托用语

在工作之中，教师经常会遇上难以满足交往对象某些要求的情况。有时，可能是对方的要求过高，有时，则可能是因为我方条件较差。遇到这种情况，教师在解释原因或是回绝对方时，一定要讲究方式方法。拒绝别人时所惯用的语言，称为推托用语。它的使用其实也是一门艺术。推托的本意，是借故拒绝。在拒绝他人时，如果语言得体，态度友好，理由充分，拒绝往往可以"逢凶化吉"，使被拒绝者的失望心理迅速淡化。反之，如果拒绝得过于冰冷、生硬、直言"不知道"、"做不到"、"不归我管"、"问别人去"、"爱找谁找谁去"等，则很有可能令交往对象不快、不满、甚而怒发冲冠，酿成口角。在工作岗位上，教师适宜采用的推托用语，主要有三种具体的形式，很多时候它们亦可交叉使用。

1. 道歉式推托　当对方的要求难以被立即满足时，不妨直接向对方表示自己的歉疚之意，以求得到对方的谅解。此即所谓道歉式推托。例如，"对不起，这件事情我不能够帮助你"、"抱歉，我们不准备参加此次会议"等等。

2. 转移式推托　所谓转移式推托，就是不具体地纠缠于对方所提及的某一问题，而是主动提及另一件事情，以转移对方的注意力。例如，"您不再看点别的吗"、"这种选择其实跟您刚才的想法差不多"、"您可以去对面再看一下"等等。

解释式推托所谓解释式推托，就是要求在推托对方时说明具体的缘由，尽可能地让对方觉得自己的推托合情合理。例如，"我们这里规定，不能乱说"、"我下班后需要休息，不能接受您的邀请"，等等。

（十一）道歉用语

在工作之中，因种种原因而带给他人不便，或妨碍、打扰对方时，教师必须及时向对方表达自己的歉意，其常规做法，便是需要使用规范的道歉用语向对方赔礼道歉。道歉用语有多种多样，在需要使用时，教师切忌做得过分，并要根据不同对象、不同事件、不同场合认真地进行选择。

最为常用的道歉用语主要有："抱歉"、"对不起"、"请原谅"、"失礼了"、"失言了"、"失陪了"、"失敬了"、"失迎了"、"恕罪了"、"不好意思"、"多多包涵"、"十分失礼"、"很是惭愧"、"太不应该了"、"真过意不去"，等等。绝大多数的道歉用语都可以单独使用。如果需要，它们亦可与其他礼貌用语或其他语句组合在一起使用。

## 第二节　教师的文明用语

在正式场合，人们通常都讲究使用文明用语。在教学的具体过程之中，这一点也不能够有所例外。不然的话，就很可能会影响到教师乃至其所在单位的声誉。所谓文明用语，具体是指在语言的选择、使用之中，应当既表现出其使用者的良好的文化素养和待人处世的实际态度，又能够令人产生高雅、温和、脱俗之感。简言之，文明用语，就是要求人们使用语言时必须讲究文明。

文明当先，是教师在工作岗位之上使用语言时应当遵守的基本规范之一。想要在使用文明用语方面真正有所提高，除了要不断地努力学习，严格要求自己之外，最为重要之点，是要认认真真地在称呼恰当、口齿清晰、用词文雅、主题正确、方式恰当五方面狠下一番工夫。只有在这几个主要方面表现得合乎礼仪规范，才可以说是真正做到了用语文明。

### 一、称呼恰当

对教师而言，所谓称呼，主要是指自己在其日常性的工作与生活过程之中，对于交往对象所采用的具体的称谓语。在人际交往中，特别是在与陌生人打交道时，人们对于他人对自己的称呼都非常重视。教师对交往对象的称呼是否恰当，不但真实地反映了其个人教养与实际心态，而且还客观地反映出对后者尊重与否。教师礼仪规定，在任何情况下，教师都必须对交往对象采用恰当的称呼，要做好这一点，主要应当从四个具体方面来着手。

（一）区分对象

根据惯例，教师对称呼的具体使用有着正式场合与非正式场合之分。正式场合的称呼它主要使用于各种正式的场合，具体又分为如下三种类型：一是泛尊称。例如，"同志"、"先生"、"小姐"、"夫人"、"女士"等等。二是职业加以泛尊称。例如，"警察同志"、"司机先生"、"秘书小姐"等等。三是姓氏加以职务或职称。例如，"齐经理"、"卫局长"、"汪教授"等等。

非正式场合的称呼它主要使用于各种非正式场合，具体又分为如下六种类型：一是直接以姓名相称。例如，"李永"、"谢青"、"侯爱静"、"卫晓红"等等。二是直接称呼名字。例如，"爱华"、"润芝"、"桂莲"、"志民"等等。三是称呼爱称或小名。例如，"乐乐"、"媛媛"、"珠珠"等等。四是称辈分。例如，"大爷"、"小舅"、"阿姨"等等。五是姓氏加辈份。例如，"孙大妈"、"金叔叔"、"冯伯伯"等等。六是在姓氏之前加上"老"字或"小"字。例如，"老朱"、"小郭"等等。就一般情况而言，在工作岗位上称呼他人时，教师最好是使用各种适用于正式场合的称呼，其中尤以使用各种泛尊称为宜。例如，"同志"这一称呼，对于国内的任何人几乎都可以使用。

（二）照顾习惯

教师在其实际生活中称呼他人时，必须对于交往对象的语言习惯、文化层次、地方风俗等各种因素加以考虑，并分别给予不同的对待，切不可自行其是，不加任何区分。例如"先生"、"小姐"、"夫人"一类的称呼，在国际交往之中最为适用。在称呼海外华人或内地的白领时，亦可酌情采用。

但若以之去称呼农民，却未必会让对方感到舒服和顺耳。称呼熟人或老年人时，往往可相机采用一些非正式的称呼，诸如"大哥"、"大姐"、"王哥"、"李姐"、"张大伯"、"赵奶奶"等，这样会使对方倍感亲切，可若以此类称呼去称呼城市白领或知识分子，则有可能会被理解为"套近乎"。"老大"、"爱人"这两种称呼，在内地分别表示在兄弟姐妹之中排行第一者与合法的配偶，但到了海外，它们却会往往被理解为黑社会的头目或者第三者。

（三）有主有次

教师在其面对学生时的具体称呼，一般的讲究是由主至次地依次进行。当教师需要区分主次地称呼他人时，其标准的做法有下列两种：

1. 由尊而卑 所谓由尊而卑，在此即指称呼他人时，需要先长后幼、先女后男、先上后下、先疏后亲。

2. 由近而远 所谓由近而远，在此即指称呼他人时，需要先称呼靠近自己的人，然后依次向下称呼他人。此外，还可以采用统一称呼。假如几位被称呼者一起前来，即可对对方一起加以称呼，而不必一一具体到每个人。例如"各位"、"诸位来宾"、"小姐们"、"先生们"等等。

（四）严防犯忌

在需要称呼他人时，教师还必须了解一些主要禁忌，以防自己冒犯他人，或者失礼于人。

在具体的称呼方面，教师有可能触犯的禁忌主要有下面两类：

1. 不使用规范的称呼 有些教师有时懒于使用称呼，直接代之以"喂"、"嘿"、"六号"、"三班的"、"下一个"、"那边的"，甚至连这类本已非礼的称谓语索性也不用。这些做法，可以说都是失敬于人的。

2. 使用不雅的称呼某些不雅的称呼，尤其是一些含有人身侮辱或歧视之意的称呼，例如，"眼镜"、"恐龙"、"大头"、"胖哥"、"瘦猴"等等，是教师所绝对忌用的。

## 二、口齿清晰

在工作岗位上，教师在更多的情况下是要进行课堂讲授或者与学生进行口头交谈。因此，教师在使用口语时，不论遇到何种交往对象，均应做到文明待人。就教师的口语运用而言，可以将其划分为正式口语与非正式口语。二者之间既有共性，同时也各自存在着一定的个性。从个性方面来说，所谓正式口语，显然主要适用于正式的口头交际之中，它通常是指有关各方经过协商、议定主题、明确目的、约好时间与地点的正式口头交谈。交谈的双方，往往事先会为此进行多方面的准备。

在交谈之中，大家则讲究郑重其事、语言规范、直奔主题。所谓非正式口语，则是属于有关各方事先未经任何准备而进行的一种十分自由的随机性交谈。它可长可短，可谈可不谈。其形式随和、轻松，几乎可以无话不谈，比较容易表达人们各自的观点，有利于人们的相互了解与接近。在共性方面来说，教师在其实际工作之中，往往有可能在面对交往对象时，正式口语与非正式口语并用。要想使自己所运用的口语发挥其应有的功效，一般来讲，教师有必要在运用口语时，掌握它的三个主要特点。

通俗活泼浅显易懂，生动形象，犹如家常话语一般，是口语最重要的特点。一般来讲，口语之中极少出现术语、典故，更忌讳故弄玄虚、高深莫测。口语多为现想现说，临时组合而成。讲口语，自然不必字字推敲、句句斟酌，只要善于运用生活之中的平常话语，恰当地表明个人见解即可。必要时，可辅之以表情动作。所以与书面语言相比，口语十分通俗活泼。

机动灵活人们在运用口语与他人进行交际时，往往会注意既要适当地表达自己的本意，又要注意随机应变，在交谈过程之中随时对自己所运用的口语的具体内容与形式进行适度的调整。从表面上来看，口语大都显得语句简短、结构松散，多有其省略之处。有时，它甚至会出现话题转变、内容脱节、词序颠倒、啰唆重复等现象。然而由于口头交际具有一定的双向性、互动性，这些问题往往瑕不掩瑜，反而更能显示口语生动、活泼的特性。

简明扼要简要明快，突出重点，应当被视为成功的口语运用的一项主要条件。在正常情况下，人们在运用口语时，主要考虑自己本意的表述，而对于具体的表述形式一般并不十分介意。加上口头交际的有关各方通常是相对而视，对于其中一方口头正在表达的内容及其本来的含义，有关各方往往可以通过当时特定的环境心领神会。这样一来，讲口语时，自然不必讲究逻辑严密，不必修饰非常得体，不必长句、复句不断。实际上，口语大多句短、意明、一句一意，但求其词能达意即可。应当强调的是，广大教师在工作岗位之上运用口语时，不仅要了解口语的上述基本特点，更重要的是要努力使自己在运用口语与人交际的过程之中，真正做到口齿清晰。唯有做到了这一点，自己之所言才能被交往对象听清楚、搞明白，真正实现双向沟通，否则就极有可能劳而无功。口齿清晰，不但是文明用语的基本要求之一，而且也是做好工作的先决条件之一。对此，广大教师均应予以高度的重视。教师要做到口齿清晰，主要有待于在语言标准、语调柔和、语气谦恭三方面合乎教师礼仪的基本规范。

（一）语言标准

语言标准，是语言交际取得成功的基本前提。语言不标准，就有可能让交往对象听不懂自己的话语，甚至会因此而产生一些不必要的误会，从而影响到沟通的结果。语言标准，主要的要求通常有二：一是要讲普通话；二是要发音正确。在这两个方面做好了，才能称得上是语言标准。

1. 讲普通话 所谓普通话，即目前我国法定的现代汉语的标准语言。我国宪法明文规定，国家推广全国通用的普通话。它以北京语音为标准音，以北方话为基础方言，以典范的现代白话文为语法规范。推广普通话，既是我国的一项基本国策，也是提高教育质量的一项重要举措。我国地大物博，人口众多，方言土语极多。不同地方的人到了一起，时常会因为双方之间存在语言障碍而苦恼。此刻，双方如果都采用普通话进行口头交际，语言障碍便会迎刃而解。在教学的具体过程之中，除面对外国人士、少数民族人士、个别听不懂普通话的人士之外，教师一定要在自己说话或者与对方交谈时使用普通话。如果教师面对不懂本地方言土语的外地人而又执意不讲普通话，只能表明自己保守排外、缺乏教养而已。

2. 发音正确 所谓发音正确，其本身包含下面的双重含义：一方面，它要求教师在运用口语时，不能够念白字、念错字。另一方面，它要求教师在讲普通话时注意其阴平、阳平、上声、去声等四种基本声调的区别。只有发音完全正确，才能算是讲好了普通话。例如，"妈"这个词的正确发音应为阴平声，如果把它念成了去声，便变成了"骂"字。那样一来，意思可就差远了。

（二）语调柔和

语调柔和，也是做到口齿清晰的基本要求之一。所谓语调，一般指的是人们说话时的具体腔调。通常，一个人的语调，主要体现于他讲话时的语音高低、轻重和快慢上。要求教师语调柔和，主要应当在语音的高低、轻重、快慢方面多多加以注意。

1. 音量适中　它实际上指的是一个人讲话音量的高低轻重的问题。教师礼仪要求，教师在与交往对象进行口头交际时，在音量方面，应当使对方既可以听得清楚，又感觉舒适悦耳为宜。与自己的交往对象说话时，教师的音量如果过高、过强，就会使自己显得生硬、粗暴，而且还有可能令对方感觉不适。相反，如果教师的音量过低、过弱，则又会使自己显得有气无力，因而会令对方感到憋闷不堪，甚至还会产生一种被怠慢的感觉。教师在交谈时，要真正做到音量适中、不高不低、不强不弱，其实并不困难。重要的是，在其实际工作中必须因人而异、因时而异。与正常人在正常条件下交谈，固然音量适中即可。而与耳背之人交谈，或在人声嘈杂之处与人交谈，则显然应当适度提高音量。

2. 快慢有度　讲话时的快慢通常指的是语速方面的问题。教师在与人交谈时必须注意保持适当而自然的语速。运用普通话与人交谈时，教师的语速以每分钟60至80个字为宜。在交谈期间还应注意适时地进行必要的停顿。语速过慢或过快，都有可能被理解为自己感到厌烦，也会破坏交谈对象的情绪。

（三）语气谦恭

语气，即人们说话时的口气。在教师用语里，语气一般具体表现为陈述、疑问、祈使、感叹、否定等不同的语句形式。在人际交往中，语气往往被人们视为具有某种言外之意，因为它往往会真实地流露出交谈者的一定的感情色彩。教师在工作岗位之上与交往对象口头交谈时，一定要力求在自己的语气上表现出热情、亲切、和蔼和耐心。特别重要的是，不要有意无意之间使自己的语气显得急躁、生硬和轻慢。

下面几种情况，均为教师所必须力戒的：

1. 语气急躁　指教师在与交往对象交谈时，语气上显得焦急、暴躁、激动，或者很不耐烦。例如，不可以说"抓紧时间"、"快点，我还有别的事"、"快下班了"等等。

2. 语气生硬　指教师在与交往对象交谈时，语气上显得勉强、生冷、僵硬，或者不够柔和。例如，不可以说"着什么急"、"喊什么"、"等着"、"废话"、"别乱动"等等。

3. 语气轻慢　指教师在与交往对象交谈时，语气上显得轻狂、歧视、怠慢，或者失敬于人。例如，"知道吗，你"、"听说过没有"、"你见过吗"、"瞧一瞧自己"等等，都是教师所不宜采用的轻慢他人的语气。

## 三、用词文雅

人们在任何情况下进行交谈时，都必须借助于一定的语句与词汇。没有语句与词汇的选择与使用，不仅难于表白自己的思想，而且还会使交谈难以进行下去。教师要做到文明用语，非常重要的一点，是要努力做到用词文雅。离开了用词文雅，文明用语便会成为无本之木，无从谈起。

用词文雅，对于广大教师而言，主要包括下面两个方面的基本要求：即尽量选用文雅词语和努力回避不雅之语。前者属于对教师的高标准要求，后者则是任何教师在其工作岗位上都必须做到的。尽量选用文雅词语，即多用雅语，主要是要求广大教师在与交往对象交谈时，尤其是在与之进行正式的交谈时，用词用语要力求谦恭、敬人、高雅、脱俗。在注意切实致用，避免咬文嚼字、词不达意的同时，应当有意识地采用一些文雅的词语。这样可以显示出自己的良好教养。

例如，在正式场合欢迎交往对象到来时，使用雅语说"欢迎光临"，显然比说"您来了"要郑重其事得多。而对一位上了年纪并看上去有文化的老人使用雅语说"敬请赐教"，自然也比对对方直言"有什么意见快提"更为中听。努力回避不雅之语，在此主要是指教师在与人交谈之时，不应当采用任何不文雅的语词。其中粗话、脏话、黑话、怪话与废话，则更是在任何情况之下都不可出现于教师之口。

（一）不讲粗话

所谓粗话，一般是指那些意在侮辱他人人格的粗野或带有恶意的话语，也就是所谓骂人的话。教师在工作岗位之上面对他人时，不论遇到何种情景，都不允许骂骂咧咧，不可以在自己的口语中夹杂骂人的话。即使有人首先辱骂了自己，也不允许教师与对方相互对骂。无意之中说话带上一句"国骂"，则更是有失自己的脸面。

（二）不讲脏话

所谓脏话，这里主要是指庸俗、低级、下流的话语，其中尤以涉及男女关系者为其代表，并以色情、黄色内容为主。在面对其他人时，教师不论自己与对方是同性还是异性、是熟人还是生人，都不应使用任何脏字。有些话具有双关性质或暗示作用，极易引起误会，亦不可使用。

（三）不讲黑话

所谓黑话，通常泛指那些为帮会、地痞、流氓、盗匪以及其他黑社会之人在其相互交往中专门使用的暗语，或者含义隐晦的一些话语。从角色定位的角度上来讲，只有涉"黑"之人才会讲黑话，而讲黑话的人则多与黑社会不无关系。教师若在其面对其他人时有意对对方讲黑话，不仅会使自己显得匪里匪气，身份叵测，而且也会惊扰对方，令其心生疑惑或戒心。

（四）不讲怪话

所谓怪话，在这里实际上指的主要是牢骚话。在日常生活中，教师一定要做到不因为个人的委屈、不满而当着交往对象的面阴阳怪气，乱讲怪话，以泄私愤。至于因故对交往对象产生意见，进而对对方指桑骂槐、旁敲侧击，则更是有悖礼仪的宗旨，应予禁止。

（五）不讲废话

所谓废话，一般是指无用之言、多余之语，或者是在没话找话时所讲的话。教师务必牢记，在自己的工作岗位之上，不宜主动去找交往对象攀谈与其教学内容无关的题外话，尤其是不宜主动询问对方的个人隐私问题。如果在工作之中没话找话，大说废话，只能说明自己对于本职工作心不在焉。除此之外，教师还应当注意，在其具体运用文明用语时，语言内容要文明，语言形式要文明，语言行为要文明。只有三者并重、三位一体，才能够真正地使自己做到用语文明。

## 四、主题正确

交谈的主题，又叫交谈的话题，它所指的是交谈的中心内容。

一般而论，教师交谈时的主题多少可以不定，但通常在某一特定时刻宜少不宜多，最好只有一个。唯有话题少而集中，才有助于交谈的进行。话题过多、过散，将会使交谈者无所适从。

（一）宜选的主题

在交谈之中，以下五类具体的话题都是适宜教师所选择的：

1. 既定的主题　既定的主题，即交谈双方业已约定，或者其中某一方先期准备好的主题。例如，求人帮助、征求意见、传递信息、讨论作业、研究课题等一类的交谈，往往都属于主题既定的交谈。选择这类主题，最好双方商定，至少也要得到对方的认可。它适用于正式交谈。

2. 高雅的主题　高雅的主题，即内容文明、优雅，格调高尚、脱俗的话题。例如，文学、艺术、哲学、历史、考古、地理、建筑等等，都属于高雅的主题。它适用于各类交谈，但要求面对知音，忌讳不懂装懂，或班门弄斧。

3. 轻松的主题　轻松的主题，即谈论起来令人轻松愉快、身心放松、饶有情趣、不觉劳累厌烦的话题。例如，文艺演出、流行时装、美容美发、体育比赛、影视节目、休闲娱乐、旅游观光、名胜古迹、风土人情、名人轶事、烹饪小吃、天气状况，等等。它适用于非正式交谈，允许各抒己见，任意发挥。

4. 时尚的主题　时尚的主题，即以此时、此刻、此地正在流行的事物作为谈论的中心。此类话题适合于各种交谈，但其变化较快，所以把握上有一定难度。

5. 擅长的主题　擅长的主题，指的交谈双方，尤其是交谈对象有研究、有兴趣、有可谈之处的主题。须知：话题选择之道在于应以交谈对象为中心。例如，与学者交谈，宜谈治学之道；与作家交谈，宜谈文学创作；与医生交谈，宜谈健身祛病；等等。它适用于各种交谈，但忌讳以己之长对人之短，否则"话不投机半句多"。因为交谈是意在交流的谈话，故不可只有一家之言，而难以形成交流。

（二）忌谈的主题

在各种交谈之中，教师对下列几类具体的主题应当忌谈：

1. 个人隐私　个人隐私，即个人不希望他人了解之事。在交谈中，若双方是初交，则有关对方年龄、收入、婚恋、家庭、健康、经历等一类涉及个人隐私的主题，切勿加以谈论。

2. 捉弄对方　在交谈中，切不可对交谈对象尖酸刻薄、油腔滑调、乱开玩笑、口出无忌；不可随随便便地挖苦对方所短、调侃取笑对方，否则等于成心要让对方出丑，或是下不了台。俗话说："伤人之言，重于刀枪剑戟。"以此类捉弄人的主题为中心展开交谈，定将损害双方关系。

3. 非议旁人　有极其个别的人喜欢在交谈之中传播闲言碎语，制造是非，无中生有，非议其他不在场的人士。其实，人们都知道"来说是非者，必是是非人"。非议旁人，不证明自己待人诚恳，反倒证明自己少调失教，属于拨弄是非之人。

4. 倾向错误　在谈话之中，倾向错误的主题，例如，违背社会伦理道德、生活堕落、思想反动、政治错误、违法乱纪、种族歧视之类的主题，亦应避免。

5. 令人反感　有时，在交谈中因为不慎，会谈及一些令交谈对象感到伤感、不快的话题，以及对方不感兴趣的话题，这就是所谓令人反感的主题。碰上这种情况不幸出现，应立即转移话题，必要时要向对方道歉，千万不要没有眼色，将错就错，一意孤行。这类话题常见的有凶杀、惨案、灾祸、疾病、死亡、挫折、失败，等等。

## 五、方式恰当

教师在与交往对象交谈时，还有必要注意其具体方式。以下一些技巧是可以被运用的。

（一）双向共感

人们通常认为，交谈究其实质乃是一种合作。因此在交谈中，切不可一味宣泄个人的情感，而不去考虑交谈对象的反应。教师礼仪规定，在交谈中应遵循双向共感规则。

这一规则具有两重含义：

1. 双向　它要求人们在交谈中要注意双向交流，并且在可能的前提下，要尽量使交谈围绕交谈对象进行，无论如何都不要妄自尊大，忽略对方的存在。

2. 共感　它要求在交谈中谈论的中心内容应是彼此各方共同感兴趣的，并能够愉快地接受，积极地参与，不能只顾自己，而不看对方的反应。遵守这条规则，是使交谈取得成功的关键。

（二）神态专注

在交谈中，各方都希望自己的见解为对方所接受，所以从某种意义上讲，"说"的一方并不难，往往难就难在"听"的一方。古人曾就此有感而发："愚者善说，智者善听。""听"的一方在交谈中若能够表现得神态专注，就是对"说"的一方的最大尊重。

要做到这一点，应重视如下三点：

1. 表情认真　在倾听时，一定要目视对方、全神贯注、聚精会神，不要用心不专、"身在曹营心在汉"。

2. 动作配合　当对方观点高人一筹，为自己所接受，或与自己不谋而合时，应以微笑、点头等动作表示支持、肯定，或暗示自己与之"心有灵犀一点通"。

3. 语言合作　在对方"说"的过程中，听者不妨以"嗯"声或"是"字，表示自己在认真倾听。

（三）措辞委婉

当对方需要理解、支持时，应以"对"、"没错"、"真是这么一回事"、"我有同感"加以呼应。必要时，还应在自己讲话时适当引述对方刚刚所发表的见解，或者直接向对方请教高见。这些都是以语言与对方进行合作的方式。

在交谈中，不应直接陈述令对方不快、反感之事，更不能因此伤害其自尊心。必要时，在说法上应当力求含蓄、婉转、动听，并留有余地，善解人意，这就是所谓措辞委婉。例如，在用餐时要去洗手间，不宜直接说"我去方便一下"，而应说"我需要出去一下"、"出去有点事"，或者"出去打个电话"。

若来访者停留时间过长，从而影响本人，需要请其离开，不宜直接说"你该走了"、"你待得太久了"，而应当说"我不再占用你的宝贵时间了"等等，均属委婉语的具体运用。在交谈中，运用委婉语可采用以下方式：旁敲侧击，比喻暗示，间接提示，先肯定，再否定，多用设问句，不随便使用祈使句，表达留有余地。

（四）礼让

对方交谈时要争取以对方为中心，处处礼让对方、尊重对方，尤其是要避免出现以下几种失礼于人的情况：

1. 交谈讲究双向沟通　那么在交谈中就要目中有人、礼让他人，要多给对方发言的机会，让大家都有交流的机会。不要一人独白、侃侃而谈、"独霸天下"；不能只管自己尽兴，而始终不给他人张嘴的机会。

2. 导致冷场  不允许在交谈中走向另一个反面，即从头到尾保持沉默、不置一词，从而使交谈变相冷场，破坏现场的气氛。不论交谈的主题与自己是否有关，自己是否有兴趣，都应热情投入、积极合作。万一交谈中因他人之故冷场"暂停"，切勿"闭嘴"不理，而应努力"救场"。可转移旧话题，引出新话题，使交谈"畅行无阻"。

3. 随意插嘴  出于对他人的尊重，在他人讲话时，尽量不要在中途予以打断，突如其来、不经允许地上去插上一嘴。这种做法不仅干扰了对方的思绪，破坏了交谈的效果，而且会给人以自以为是、喧宾夺主之感。确需发表个人意见或进行补充时，应待对方把话讲完，或是在对方首肯后再讲。不过，插话次数不宜多，时间不宜长，与陌生人交谈时则绝对不允许打断或插话。

4. 与人抬杠  所谓抬杠，指喜爱与人争辩，喜爱固执己见，喜爱强词夺理。在一般性的交谈中，应允许各抒己见、言论自由、不作结论，重在集思广益、活跃气氛、取长补短。若以"杠头"自诩，自以为一贯正确，无理辩三分，得理不让人，非要争个面红耳赤、你死我活、大伤和气，是有悖交谈主旨的。

5. 否定他人  在交谈之中，一定要善于聆听他人的意见。若对方所述无伤大雅，无关大是大非，一般不宜当面否定，免得让对方下不了台。

（五）适可而止

礼仪有一条重要的原则，叫作"不得纠正"。它的含义是：对交往对象的所作所为，应当求大同、存小异。若其无关宏旨、不触犯法律、不违反道德、不有辱国格人格、不涉及生命安全，一般没有必要判断其是非曲直，更没有必要当面对其加以否定。

在交谈中不去任意否定对方的见解，就是该原则的具体运用。与其他形式的社交活动一样，交谈也必定受制于时间。虽然说亲朋好友之间的交谈往往"酒逢知己干杯少"，但仍需要见好就收、适可而止。这样不仅可使下次交谈还有话可说，而且还会使每次交谈都令人回味无穷。普通场合的小规模交谈，以半小时以内结束为宜，最长不要超过 1 个小时。交谈的时间一久，交谈所包含的信息号情趣难免会被"稀释"。在具体的交谈中，每一个人的每次发言，最好不要长于三分钟，至多不要长于五分钟。

令交谈适可而止，主要有四点好处：一是它可以为大家节省时间，省得耽误正事。二是它可以使每名参加者都有机会发言，以示平等。三是它可以使大家的发言提炼其精华，少讲废话。四是它还可以使大家对交谈意犹未尽，保持美好的印象。凡此种种，说明在教师与其交往对象进行交谈时，适可而止不仅必要的，而也是必须积极付诸行动的。

为·师·授·业·丛·书

# 为师篇：

# 教师礼仪漫谈

## 下

张枫◎编著

中国出版集团

现代出版社

**图书在版编目(CIP)数据**

为师篇:教师礼仪漫谈(下)/ 张枫编著. —北京：现代出版社, 2014.3

ISBN 978-7-5143-2139-5

Ⅰ. ①为… Ⅱ. ①张… Ⅲ. ①教师礼仪-通俗读物

②教师礼仪-通俗读物 Ⅳ. ①I-49

中国版本图书馆 CIP 数据核字(2014)第 008510 号

| | |
|---|---|
| 作　　者 | 张　枫 |
| 责任编辑 | 王敬一 |
| 出版发行 | 现代出版社 |
| 通讯地址 | 北京市安定门外安华里 504 号 |
| 邮政编码 | 100011 |
| 电　　话 | 010 – 64267325 64245264(传真) |
| 网　　址 | www. 1980xd. com |
| 电子邮箱 | xiandai@ cnpitc. com. cn |
| 印　　刷 | 唐山富达印务有限公司 |
| 开　　本 | 710mm ×1000mm　1/16 |
| 印　　张 | 16 |
| 版　　次 | 2014 年 4 月第 1 版　2023 年 5 月第 3 次印刷 |
| 书　　号 | ISBN 978-7-5143-2139-5 |
| 定　　价 | 76.00 元(上下册) |

# 目　录

## 第三章　教师的语言礼仪（下）

## 第四章　教师的行为礼仪

# 第三章　教师的语言礼仪（下）

## 第三节　教师的课堂教学用语

在课堂教学过程之中，广大教师在自己的语言表达之中，尤其是在向学生进行课程讲授时，往往需要采用规范化的课堂用语。课堂用语，实际上乃是行业用语之一。它一般是指教师在其课堂教学中所使用的专门性用语，主要用以讲解与说明某些学术性、专业性、技术性的问题。

平时，教师在其课堂教学过程中使用规范化的课堂用语，不但是必要的，而且往往也是必需的。因为只有恰到好处地使用了某些必须使用的课堂用语，才能更好地进行具体课程的讲解、说明，才能够更好地与自己的学生进行有效的沟通。对于广大教师而言，自己在进行课堂教学时使用课堂用语，其实并不困难。其主要的困难在于，如何令自己在具体使用课堂用语时，既得心应手，又能够真正地有助于自己的教学质量的提高。

### 一、基本的法则

如果站在教学质量的提高这一角度上来具体地讨论教师课堂用

语的使用问题，最为重要的是，每一位教师在使用课堂用语同学生进行交流与沟通之际，都必须认真遵守相关的基本法则。如果对此不清楚，或者知而不行、明知故犯，则课堂用语的具体使用则必将没有规范可言。

（一）三 T 法则

三 T 法则，是在具体使用课堂用语时教师所必须谨记的一项最重要的基本法则。所谓"三 T"，实际上是英文"tact"、"timing"、"tolerance"三个单词的具体缩写。它们的含义，分别是"机智"、"时间"与"宽容"。由此可知，三 T 法则的本意，就是要求教师在有必要使用课堂用语时，一定要同时兼顾表现机智、兼顾时间、待人宽容三方面的具体问题。

1. 表现机智　要求教师在使用课堂用语时表现机智，主要是要求其在面对形形色色的学生时，一定要善于察言观色、反应灵敏。既要首先对对方准确地进行必要的角色定位，又要以双向沟通为主要目的。还须注意的是，在具体使用课堂用语时，一定要抓住重点，用语讲究少而精，并且应尽量为对方所理解，这样才能够真正地提高自己课堂教学的质量。

2. 兼顾时间　要求教师在使用课堂用语时兼顾时间，主要是因为，在一般情况之下，教师的课堂用语的使用具有一定的时间、对象与场合的限制。只有在有其必要性之时，使用课堂用语才会使之发挥功效。如果忽略了这一点，不分时间、不看对象、不论场合，开口闭口满嘴课堂用语，非但没有任何必要，而且也不易为自己的交往对象所接受。

3. 待人宽容　要求教师在使用课堂用语时待人宽容，在此主要是指，教师在具体运用课堂用语服务于学生时，要将心比心、待人如己，努力进行换位思考，处处设身处地地多为对方着想。假定发觉自己所使用的课堂用语不为对方所理解，则应立即加以调整，直至完全把本人的意思或对方的问题讲解、阐述和回答清楚为止。千万不要表现得不耐烦，不能嘲弄对方"怎么这么笨"、"连这个都听不懂"，更不能一如既往、不分对象、公事公办地把例行公事办完为好。在具体使用课堂用语时，只有在表现机智、兼顾时间、待人宽容三方面一并加以注意，才会使课堂用语发挥应有的作用。

（二）适度法则

适度法则是使用课堂用语时教师必须谨记的另一项重要法则。它的基本含义是：教师课堂用语的使用必须要适得其所。教师在具体使用课堂用语时，一定要牢牢把握好分寸、表现得体。不注意课堂用语的使用适度与否，对教师来讲将是一个十分严重的错误。

英国著名哲学家培根曾经说过：交谈时的含蓄和得体，往往要比口若悬河更可贵。他的这句至理名言，对教师课堂用语的使用也有着一定的启迪。运用课堂用语要真正做到得体，关键是要切记当用则用，切勿滥用。应该使用课堂用语时而不使用，往往会令人怀疑自己的业务能力不够强。不必使用课堂用语时，却连篇累牍地不停使用，则常常又会给人以故弄玄虚之感。课堂用语的使用要做到得体，在自己的教学岗位上进行讲解、说明时，课堂用语在自己的话语之中究竟应当占上一个什么样的比重，是一个较为复杂的问题，应该具体情况具体分析，不宜一概而论。

（三）把握分寸

在运用课堂用语时把握好其具体的分寸，对任何教师而言，都是非常重要的。在这一方面，教师一定要注意以下两点：

1. 实事求是　要求教师在运用课堂用语时实事求是，主要是要求其客观地、正确地使用课堂用语。既不可不懂装懂、随口乱诌，指望以满口似是而非的课堂用语去蒙人、骗人、唬人，更不可以随意编造、以假充真、以讹传讹。

2. 使用得当　在具体使用课堂用语时，一定要谨记准确使用，并且要坚持课堂用语的规范性。在一般情况下，使用课堂用语时，必须力求其正确无误。在使用课堂用语时，一定要尽量做到规范化、标准化。例如，提及"激光"时，就不宜称之为"镭射"。谈论"塑料"时，亦不便代之以"塑胶"。还应当提及的是，在使用课堂用语时，教师还须兼顾它与地方性的习惯用语之间的差异。举例而言，"菠萝"、"快餐"、"出租车"、"故事片"、"航天飞机"，在我国的台湾地区便被称为"凤梨"、"便当"、"计程车"、"剧情片"、"太空梭"。假如不注意祖国大陆与台湾两地之间的这种差异，在与大陆人与台湾人交谈时往往便会矛盾丛生、误解不断。

## 二、具体的分寸

就具体内容而论，教师在运用课堂用语进行教学时，还必须努力地在善用专业术语、常用敬人之语和不用课堂忌语等方面多下工夫。

（一）专业术语

在进行课堂教学时，教师必须要善用专业术语。在教师的课堂用语中，绝大部分都属于专业性的术语。在使用这些只适用于某一特定领域内的专门性用语时，教师既要遵守"三T法则"与适度原则，更要特别注意因人而异、因事而异。千万不要以为专业术语的运用可以多多益善。

实际上，在运用专业术语时，大体上是看效果不看动机，重质量不重数量的。在运用专业术语时，要求教师注意因人而异，最重要的是，既要使自己的道理讲得通，又要能够同时让学生听得明白、可以理解、能够接受。具体而言,要真正做到在运用专业术语时因人而异,就要在讲课之前,善于对学生进行必要的观察、了解和定位,并且依照对方不同的年纪、不同的性别、不同的民族、不同的地区,以及受教育的不同程度而适当地有所区别。

在运用专业术语时要求教师注意因事而异,则重点是要在具体运用专业术语的过程中把握好时机的变化,沉着果断,善于随时根据具体情况的改变而加以必要的调整,善于应变。在具体运用专业术语时,不但要注意两相情愿、相互理解,而且还要随时相机加以调整。

仅仅恪守自己原先的主观设想,不分任何对象,"一往无前"、按部就班地运作下去,在实践中往往难以行得通。要想使专业术语用得好,用得准,自己讲得透,别人听得懂,就要根据当时具体情况的变化,当深则深,当浅则浅;当多则多,当少则少;当用则用,当不用则不用。最忌讳的是无视现实状况的具体变化,而非要去走两个极端不可。

(二)敬人之语

在进行课堂教学时,教师必须常用敬人之语。所谓敬人之语,简称敬语、敬词。它所指的,通常就是用来向自己的交谈对象表示恭敬之意的一些特定的用语。在教学岗位上服务于学生时,必须常用、多用敬人之语,是对教师的一项基本业务要求,同时也是教师礼仪的一项主要的规范。业已指出,学生所要求的理想化学习,是既能够使之获得知识上的满足,又能够使之得到精神上的享受。具体而言,教师在课堂教学过程之中对学生使用恰当的敬人之语,往往就是使对方获得精神上的享受的先决条件之一。

正因为如此,敬人之语理当被归入教师的课堂用语之中。教师日常所使用的课堂用语,主要就是由专业术语与敬人之语两大主要内容所构成的。教师在其课堂上的所谓敬人之语，主要包括礼貌用语、文明用语以及自谦用语，等等。教师在具体运用敬人之语时，要重在落实、重在持久、重在言行一致、重在普及与提高并重。在教学岗位上，每一名教师都要常讲、多讲敬人之语，并且还要表里如一、长期坚持、永不懈怠。千万不要在提倡敬人之语这一问题上搞形式主义的一风吹，走过场。

（三）课堂忌语

在进行课堂教学时，教师禁止使用课堂忌语。所谓课堂忌语，通常是指教师行业里的忌用之语，亦即教师在其进行教学之时不宜使用，并切应当努力避免使用的某些特定的词语。站在提高教学质量这一角度上来讲，不使用课堂忌语，应是要求广大教师使用规范化的课堂用语的必然结果。

当代美国知名学者保罗·福塞尔曾经有言：语言最能表现一个人。你一张口，我就能了解你。一个人怎么说话，说什么话，当然毫无例外地显示着他的品位。他由此进一步认定：一个人平日所使用的具体词汇，实际上都如实地表现了他自身的教养与待人的态度。用他的观点来解释教师不得使用课堂忌语的原因，同样是行得通的。使用课堂忌语的最大恶果，在于它往往出口伤人。这种伤害往往是相互的。它在伤害了学生的同时，通常也会对教师的自身形象造成严重的伤害。就具体内容而论，教师在工作岗位上绝对不宜使用的课堂忌语主要有如下四类：

1. 不尊重之语　在课堂教学的具体过程之中，任何对学生缺乏尊重的语言，均不得为教师所使用。在正常情况之下，不尊重之语多是触犯了学生的人格尊严、个人忌讳，尤其是与其生理条件方面相关的某些忌讳。例如，对学习成绩比较差的学生讲话时，绝对不宜说"笨"、"蠢"、"愚昧"。面对身体有残障的学生时，切忌使用"残废"一词。一些不尊重残障学生的提法，诸如"傻子"、"呆子"、"侏儒"、"瞎子"、"聋子"、"麻子"、"瘸子"之类，则更是不宜使用。接触身材不甚理想的人士时，对他们对自己所最不满意的地方，诸如体胖之人的"肥"，个低之人的"矮"，教师均不应直言不讳。

2．不友好之语　在任何情况之下，都绝对不允许教师对学生采用不够友善，甚至满怀敌意的语言。只有摆错了自己的实际位置，或者不打算做好教学工作的教师，才会那么做。例如，在学生要求教师为其解答问题时，教师不可以用鄙视前者的语气询问："你没有听懂吗"、"你这号人为什么这么笨"，等等。有时，当学生对教师的课堂教学感到不满，或是提出一些建议、批评时，教师不应该顶撞对方，不可以说什么："你们懂什么啊"、"谁怕谁呀，我还不想侍候你这号人呢"、"你算什么东西"、"瞧你那德性"、"我就是这个水平"、"愿意去哪儿告去都行"，等等。凡此种种，皆属于不友好之语，教师如果在其课堂上如此对待学生，既有悖于其职业道德，又有可能无事生非。

3．不耐烦之语　教师在工作岗位上要做好本职工作，提高自己的教学质量，就要在其面对学生时表现出应有的热情与足够的耐心。平时，教师要努力做到：有问必答、答必尽心、百问不烦、百答不厌、不分对象、始终如一。假如使用了不耐烦之语，不论自己的初衷是什么，都是属于犯规的。例如，当学生询问某个具体问题时，不允许教师答以"我也不知道"、"从未听说过"。

当学生询问某些问题的具体细节时，教师不可以训斥对方："那上面不是写着了吗"、"瞪大眼睛自己看去"、"没长眼睛吗"等等。当学生要求为其提供帮助时，不能够告诉对方："着什么急"、"找别人去"、"凑什么热闹"、"那事情根本不归我管"、"老实等着"、"吵什么吵"，或者自言自语"累死了"、"烦死人了"，等等。当下课后学生继续提问时，教师不可以驱赶学生："下班了"、"抓紧时间"、"赶快点"、"你自觉点"、"还让不让我吃饭"等等。

4. 不客气之语　教师在其具体的课堂教学之中，有不少客气话是一定要说的，而不客气的话则坚决不能说。这直接关系到教师的个人形象。在课堂实习中劝阻学生不要动手乱摸乱碰时，教师不能够说什么："老实点"、"瞎乱动什么"、"弄坏了你管赔不管赔"等等。当学生提问时，绝对不能对对方说什么"问那么多干什么"、"不该问的别问"、"你问我，我问谁"等等。教师不在工作岗位上使用课堂忌语，不一定非要其去对它们进行死背硬记，而是要求其努力成为一个"有心人"，即时时刻刻牢记课堂忌语的危害之处。明白此理，教师自然就不会随口乱说。

# 第四节　教师的书面用语

在实际工作之中，广大教师经常需要使用书面用语。书面用语的使用，既有一般语言所使用的共同性的要求，也有其自身特点所决定的一些特殊性要求。书面用语，简称书面语。它所指的，是使用文字、符号所书写出来的语言。在一般情况下，书面用语这一提法，往往是相对于口头用语而言的。应予强调的是，教师所使用的书面用语自有其独特之处。

通常认为，教师所使用的书面用语，大都具有以下四个方面的主要特点：

一是实用性。在工作与生活之中所使用的书面用语，自然以实用为其基本目的。

二是权威性。对于广大学生而言,教师在为所使用的书面用语,经常会被对方视为一种具有一定权威性或约束力的证据而备受重视。

三是缜密性。为了更好地沟通于人、更为准确地为交往对象所理解,并且避免造成被动、麻烦或纠纷。

四是严肃性。教师以教书育人为主要目的而使用的书面用语,以及教师使用于正规场合的书面用语,必须以严肃、认真、规范为第一要旨。在日常工作之中,需要教师使用书面用语之处甚多。小到便条、通知,大到专著、论文、书信、电报、传真、电子函件,教师都有可能随时需要亲自动笔书写。在工作与生活之中,教师所使用的书面用语,务必做到正确无误、工整清晰、内容完整、简明扼要。

## 一、正确无误

在正式场合中,正确无误,是对教师使用书面用语的一项首要的要求。其原因十分简单,假如教师在使用书面用语时稍有失误,例如,在写作论文、通知,或编写教材、讲义之时出现笔误,或者掉字,则既有可能直接影响到自己的工作,又有可能引起误会,甚至还有可能使自己授人以柄。

教师在使用书面用语时,要力求正确,就要从两个方面着手。一方面,在使用书面用语时必须审慎对待,一丝不苟。有了思想上的高度重视,平时就不大容易在这方面犯错误。另一方面,在使用书面用语时,则必须注重具体行文的规范。而要达到这一要求,通常又要注意三点。

（一）书写正确

在使用书面用语时要做到书写正确。在使用汉语时，一般均应采用标准的简化字，而忌用繁体字、非标准的简化字以及错别字。在使用外语时，则必须要采用正确的拼写方式，并且要严守语法规则。在需要书写数目时，该用汉字还是该用阿拉伯数字，该写大写还是该写小写，均一律必须依照有关规定书写。

（二）理解正确

在中文与外文里，每个词汇都有自己的本意与引申意，每一种具体的表达方式往往约定俗成。因此，教师在使用书面用语遣词造句时，应力戒不懂装懂或想当然地滥用词语。因为个人理解上所存在的偏差常会影响到书面用语使用的正确性。

（三）格式正确

书面用语的使用，大都需要借助于一定的具体格式。不同格式的行文，通常都有一些不同的具体要求。在使用某一文体写作时，对其格式必须认真地"照章办事"。该空格处，就要空格。该分段时，就要分段。该使用某种约定俗成的表达方式时，就必须加以使用。

## 二、工整清晰

在正式场合之中使用书面用语时，通常必须努力书写得工工整整、清清楚楚，使人容易辨认。如果教师在使用书面用语时不注意工整清晰与否，不仅有可能妨碍效果，还有可能会令人感到使用者过于马虎大意。教师在具体使用书面用语时要使之工整清晰，重点应当在下列四个方面有所注意。

（一）一笔一画

使用书面用语时，写起字来必须一笔一画，按部就班。在任何情况下，教师都要杜绝自己字迹潦草的情况出现。如果写起字来龙飞凤舞，要么如同狂草，要么好似小篆，犹如天书一样让人难于辨认，只能证明书写者孤芳自赏、目中无人。

（二）大小适中

教师在使用书面用语的过程之中，要注意规范自己所书写的具体字体的大小。需要指出的是，字体过大，显得过于张扬；字迹过小，则使人阅读困难；二者都是不合适的做法。在具体进行书写时，既要善于在谋篇布局上进行宏观的把握，又要巧于在篇幅大小上缜密构思。在条件允许的前提之下，应力求使字体的大小恰到好处。还要注意的是，在使用信笺、表格进行书写时，必须使字体人行人格，不可随随便便地在行、格之外"自由行动"。

（三）美观整洁

在使用书面用语时，相当重要的一点，是要保持在书写之后的书面的美观与整洁。要做好这一点，在下笔之前要深思熟虑，在行文之中要专心致志，以免笔误或墨迹斑斑。万一发现了在书写之中出现了错别字、掉字或错句，要么认真使用涂改液进行补正，要么重新再写一遍，千万不要将错就错，得过且过。也不要随意在已经完成的篇幅上打叉、勾画、圈点、涂改或者添加。在自己书写的文字中到处乱打"补丁"，只能说明自己马虎大意。要是以之应付交往对象，则更不易使对方有好感。

（四）符合习惯

在使用书面用语时，要在选择具体的书写工具时符合习惯做法。用以进行书写的纸张应当薄厚大小适度、耐折耐磨，并且吸墨好、不易洇。其色彩与光洁度亦应符合书写的特定要求。教师在工作岗位上进行书写时，所选择的笔具主要粉笔、钢笔、毛笔、圆珠笔与白板笔。粉笔与白板笔主要用以在课堂上进行板书。钢笔与毛笔主要用以书写正规的函件、告示、文本。而圆珠笔的使用，则多见于书写便条或填写票据。

在一般情况下，不宜使用铅笔。在书写正式文件时，通常不宜使用圆珠笔，而只能采用毛笔或钢笔。选择墨汁、墨水或圆珠笔油时亦有一定的讲究。使用毛笔时，只宜采用黑色墨汁，而不准代之以各色油彩、水彩。使用钢笔时，宜用黑色或蓝黑色墨水，而不宜使用纯蓝或其他各种彩色墨水。使用圆珠笔时，只宜选用黑色与蓝色的圆珠笔油，不宜滥用其他颜色的圆珠笔油。

## 三、内容完整

在正式场合使用书面用语时，其具体内容的完整与否，从某种意义上讲，往往比正确无误、工整清晰显得更为重要。因为只有内容完整的书面用语，才能真正起到其本应起到的作用。要使教师所使用的书面用语真正做到内容完整，除了必须努力阅读、勤学多练之外，重要的是在具体写作时必须认真牢记并做到语句完整、结构完整、表达完整。

语句完整是内容完整的基本前提，结构完整是内容完整的重要条件，而表达完整，则是内容完整与结构完整的主要目的之所在。三者相辅相成，相互关联。如欲做到写作的内容完整，对这三个方面要给予同等重视，任何一方面都不可疏忽大意。

在具体运用书面用语时，出于确保其内容完整的需要，广大教师还应注意两个问题。

（一）注意细节

在写作过程中，需要认真注意许多具体的细节。在不少情况下，内容的不完整往往不是其写作者的水平不高所致，而是写作中的某些细枝末节发生了问题。对教师的书面写作而言，最容易导致内容不完整的细节问题主要由于下列六种原因：

1. 随意杜撰　词语任何词语的使用，都有约定俗成之规，以免人们在相互沟通过程中产生障碍或误解。随意杜撰词语，往往难为他人所理解或接受。

2. 任意使用　外文外文的使用，只有在特定的情况之下才更容易奏效。任意使用外文，如果面对的是不认识外文的对象，肯定不利于写作内容的完整表述。

3. 滥用方言　俚语只有在面对同乡或文化背景相近之人时，使用方言俚语才会给人以亲近之感。反之，则会使交往对象既读不懂，不明白其具体含义，又从内心里产生不快。

4. 语句长短　不当在写作之时，语句的长短一定要根据具体需要而定，当长则长，当短则短，千万不要任意行事。句子过长，通常会使人产生理解方面的困难。句子过短，则又有可能有碍于其具体内容的完整表达。

5. 错用标点　符号在各类应用文的写作中，标点符号经常发挥着画龙点睛的功效。在不少情况下，点错了一个小数点，便会使自己损失严重；少写了一个逗号，本意便会被人理解得差之千里。因此，对其千万不可错误地使用。

6. 数据日期　不准教师在具体进行写作时，对于事关重大的某些数据、日期，一定要慎之又慎。应当注意的是，既要防止错写、漏写、写作不规范等错误的出现，又要严防自己在书写数据、日期时考虑不周，而使之被个别不良之人涂抹、篡改。

（二）反复检查

在写作之后，要反复阅读检查完成的内容。前人关于写作曾有一句经验之谈："文章是改出来的。"此话可谓至理名言。虽然应用文的写作不以流传千古为目的，但是如果在一挥而就之后对其再也不读、不看，搞不好就很有可能会出现误人误己的"次品"或"废品"。

本着对个人负责、对他人负责、对学校负责、对社会负责的宗旨，教师在其工作之际使用书面用语时，在写作完成之后，一定要再三予以核查。至少，也要将其认真通读、检查一遍。

## 四、简明扼要

教师使用于工作岗位之上的书面用语，用文时，自然以一定的用途为目的。因此，绝大多数都可被视为应用文。使用应教师在具体使用书面用语与其他人进行沟通时要以务实为重。要真正做到这一点，就要求教师所使用的书面用语必须简明扼要。要求教师所使用的书面用语简明扼要，就是要使之简略、概括、精练、单纯，既抓住了要点，又易于理解。在使用书面用语时简明扼要，不仅是书面用语自身的要求使然，而且也是出自教师自己的实际需要。

（一）基本要求

在具体进行写作的过程中，教师一定要做到行文简明扼要、宁缺毋滥。为此，教师应当特别注意下列四点：

1. 不写不该写的内容　有些内容，与写作的根本目的其实毫无关系。对于这类内容，在写作时千万不要随意添加进来。

2. 不写可不写的内容　有些具体内容，对于教师而言，既可以写，又可以不写。在一般情况下，对其最佳的处理方式是尽量不要写。

3．不写不准写的内容　按照教师行业的有关规定，某些内容
是教师在运用应用文时所不准书写的。遇到此种情况，教师必须坚
决不写。

4．不写不好写的内容　一些具体的内容，对教师而言，往往
是其不大好写的。除非万不得已，此种内容通常可以不写或少写。
具体使用书面用语时，教师务必坚持一文一事、实用至上的原则。

这些具体要求，都是简明扼要的具体表现。

（二）主要禁忌

要做到书面用语的简明扼要，教师在具体进行写作时，还须有
意识地避免下述三个方面的禁忌。

1．忌感情用事　在写作应用文时，固然在行文之中要注意待
人热情而礼貌。但是，在这方面要注意适可而止，千万不要滥用感
情。过分地洋洋洒洒，只会给人以虚假之感。

2．忌滥用虚词　行文简明扼要的一个捷径，是要在进行具体
写作时应尽量少使用虚词。众所周知，虚词不能单独成句，其含义
比较抽象，但它具有帮助遣词造句的作用。在具体的写作中，不使
用任何虚词不大可能，但若使用过多也毫无必要。

3．忌过度修辞　具体写作应用文时，往往不可能不使用某些
修辞方法。然而它与文艺性写作相反的是，修辞方法若是使用过
多，也是于事无补的。

# 第五节　教师题写用语

所谓题写，通常是指在人际交往之中，人们应他人之邀，或是

出于某种考虑而主动为对方亲笔书写一些文字。通常认为，题写是一种与其他人进行交际应酬的高雅而又易行的方式。从具体形式上说，题写的内容可长可短。可以是古文，也可以是白话；可以是中文，也可以是外文；可以是"古已有之"的诗词、成语、名言、典故，也可以是自行创作，直抒个人的胸襟抱负的文字。从总体上看，可以将其归结为签名和赠言两类。就其实质而言，它们都属于应用文，都是语言文字的具体使用形式。

## 一、签名

在日常生活里，教师经常有机会到处留下本人的签名。所谓签名，就是"人过留名"的主要方式之一。在一般情况之下，签名即指在被指定的地方写上本人的姓名。而在人际交往中所说的签名，则大多是指应他人之邀，出于留作纪念的目的而特意为对方写下本人的姓名。就礼仪规范而言，尽管签名仅是举手之劳，可以一挥而就，但教师在签名时却不能有违约定俗成的定例。否则，不仅会有损本人的"大名"，而且还有可能会失敬于人。关于签名的礼仪规范，主要分为签名的字体规范与签名的表现规范两个部分。

（一）签名的字体

从字数方面来说，签名通常最少。虽则如此，也不能对签名不加重视。就拿签名时所用的字体而言，其礼仪规范就面面俱到、要求严格，丝毫不允许教师犯规违禁。在正常情况下，教师签名就是教师本人认真地写下本人的姓名。由此可见，教师自己所写下的本人姓名，亦即签名就是全部内容。既然人的姓名往往一成不变，那么，在签名中最能体现个人特征的，便莫过于签名时所用的字体了。因此，要使自己的签名"名副其实"，力求尽善尽美，就首先要把关注的重点放在签名的字体之上。

要想使自己的签名字体符合社交礼仪的要求,主要应当在以下五个方面下一些工夫:

1. 清晰　签名的清晰易辨往往是第一位的要求。教师在书写自己的签名时,必须要采用规范的文字、规范的写法,不要自视不同凡响地信笔乱画,让人感到犹如天书一般难以辨识。

2. 完整　书写签名时,若无特殊考虑,应努力使签名完整无缺。而要做到这一条,一是要名字完整无缺;二是要使名字的笔画完整无缺。

3. 真实　一般而言,签名的时候所签下的本人姓名应为本人的现用名,或是交往对象所熟知的笔名、艺名、字号。千万不要一时兴起,随手签以本人的化名、假名、小名、外文或汉语拼音的缩写,以及对方一无所知的笔名;更不能够用他人的姓名。

4. 美观　人们常说字如其人。就一个人来说,本人的姓名就是他的个人代表符号。一个人的字写得如何,反映了他的个人素质。一个人的姓名写得如何,则往往更能够间接地展示其个人的修养。因此,签名的字体要力求使之美观、工整、大方,并且一丝不苟。一定要将它作为个人的脸面来看待。

5. 个性　按照惯例,个人签名所使用的字体往往可以独具特色、与众不同,具有鲜明的个性化特征。做到了这一点,将有助于增强签名的艺术性。为此,教师平日不可不练习签名,练习签名时,应努力使之体现出自己的个人特色。

(二) 签名的表现

平时,教师绝大多数的签名往往出于自己工作、学习与生活的实际需要,或者应邀而为。教师如果请求他人为自己签名,通常要看具体的时间、地点、场合是否合适,对方是否方便,同时还要表现自己的耐心，并且要有礼貌地请求，有礼貌地道谢。切勿为了得到签名而死缠硬磨，不顾一切。他人请求教师为其签名，对教师而言无疑是一种特殊的尊重。通常，教师应当尽可能地满足其要求。不要置之不理，甚至反唇相讥，或敷衍了事。

1. 签名的态度　和做其他事情一样，任何一名有教养，并且懂得自爱、敬人的教师，在替人签名时，都应当注意自己的态度，切切不可怠慢于人。替别人签名时，教师千万不要大笔一挥了事，显得过分草率。不要把自己的名字签得过大、洋洋自得，但也不宜签得字迹过小。满足他人签名的要求时，要一视同仁，不要挑三拣四；尤其是不要搞"同性相斥"，不要只热衷于为异性签名。

2. 签名的顺序　有的时候，会出现多人同时应邀为某一个人签名的情况，这就出现了"孰先孰后"的签名时的先后顺序问题。在具体处理这一问题时，教师的常规做法应当是：尊长优先。也就是说，教师应当先请长者、上级签名，自己随后而行。即使身份、地位相差不多的人一同为某一个人签名时，彼此也应相互礼让为佳，而切勿争先恐后。教师对此需要谨记。

3. 签名的位置　为他人进行签名时，必须选择好适宜的签名位置。一般来说，合乎礼仪的常规的签名的位置有以下三处：

一是，请求者所指定的位置：按对方的具体要求操作，往往是最容易做的事情。

二是，适宜签名的空白位置：要是替人所写的签名有碍其他，如有损文字、画面和他人的题字，则大为不妥。

三是，有意礼让他人的位置：在多人同时于一处签名时，不要所占"地盘"过大，或是不自量力地抢先将本人姓名签于正中或抬头等应当请尊长落笔的地方。

(三) 签名的保存

得到他人签名后,理当妥善地进行保存、收藏。不要动辄展示于人,企图以其抬高个人身价。不要利用他人的签名进行商业性活动,以之为自己营利。不要对他人的签名说三道四;或是"见异思迁"地将他人的签名乱扔、乱丢、乱放。

## 二、赠言

在人际交往中,赠言时常为人们所采用。在题写的具体形式之中,赠言的重要性大大地高于签名。在适当之时赠人以言,对于升华个人情感、鞭策激励于人等方面所起的作用,往往是其他任何一种礼仪文字所难于代劳的。所谓赠言,在这里主要是指为了惜别留念或者相互勉励而为别人所题写下来的一段文字。

在一般情况下,它主要适用于私人交往的场合,尤其多见于关系较为密切的亲朋好友之间。在日常生活里,教师往往需要为其他人书写赠言。古人尝言:"赠人以言,重于金石珠玉。"要使赠言在人际交往中真正发挥它本应发挥的作用,那么至少有以下四个方面的问题是绝对不可轻视的。

(一) 赠言的内容

赠言的具体内容是其中心之所在。确定其具体内容时要因人、因事、因时而异,尤其要着重考虑拟赠对象的性别、年龄、职业、身份、爱好、阅历以及本人与对方之间关系的现状。唯有如此,方能使赠言"有的放矢"。具体说来,对于赠言的内容,最好思之再三、反复推敲,切莫临阵磨枪、随想随写。一般认为,赠言的内容必须合乎下列三点要求。此外,在具体斟酌赠言的内容时,可以引用他人语句,亦可进行独创。

1. 品位高雅　撰写赠言时，最忌格调低下。内容上低级、庸俗、消沉、颓废，或是又"黑"、又"黄"、又"脏"，都是教师所应当力戒的。倘若选择适当的内容，即令人耳目一新，别致脱俗，又催人向上，振奋人心的赠言，那么不仅会使赠言读起来品位高雅，而且题写者也会令人刮目相看。

2. 思想健康　用以送人的赠言，在内容上不但要讲艺术性，更要讲思想性。一则好的赠言应当充满真情实感。它既反映着题写者的思想水准，也体现着题写者对受赠者思想者状况的个人判断。举例来讲，以"及时行乐"书赠他人者，显得自己的思想境界不高自不待言，在受赠对象一方来看，恐怕也会令人产生不良感受。

3. 言之有物　好的赠言，通常都是有感而发，真实自然，言之有物。为他人书写赠言时，千万不要无病呻吟，生编滥造。宁肯使之短而又短，耐人寻味，也绝不把它搞成长篇大论却空洞无物。从某种意义上讲，浓缩赠言的内容，使其宁短勿长，是写出一则好赠言的先决条件之一。

（二）赠言的形式

从具体形式而言，赠言有多种多样的选择。在为人题写赠言，选择其具体形式时，有三点需要一并加以考虑：第一，意欲以其表达什么内容，二者是否协调。第二，本人是否擅长此种形式，一定不要勉为其难。第三，此种形式是否适用，即受赠对象对此是否喜欢，书写时有无具体困难等等。

在一般情况下，常见的赠言形式有如下五种。

1. 格言式　格言大都历经千锤百炼，言简意赅。只要引用得当，均可给人以有益的启迪。格言式赠言，即直接书以格言，相赠与人。赠人的格言，可借用于古人，或略作改造，但不宜完全自造。

2. 名句式　名句式赠言，指的是直接在书写赠言时引用名人的名言或名作里的名句作为赠言的内容。选择这一形式，既可以诲人不倦，又可令自己免除好为人师之嫌。

3. 诗词式　诗词式赠言，就是引用或撰写（三）赠言的格式诗词，并书以赠人。这种形式的赠言颇有感染力，但并非人人擅长此道。不懂诗词格律的人，千万不要随便赋诗赠人。

4. 对偶式　对偶式赠言，又叫对联式赠言。显而易见，它指的是以对偶句作为赠言的具体形式。这类赠言一般对仗工整，朗朗上口、容易记忆，往往很受欢迎。

5. 公式式　所谓公式式赠言，即将赠言的具体内容，通过类似于公式的形式出现。这一形式较为新颖，而且会给人留下十分深刻的印象。

## 第六节　教师的电话用语

电话是一种快捷而特殊的通信工具，也是当代人形影不离的社交、办公的工具。说它快捷，两人即使相距千里，通话时却犹如近在咫尺；说它特殊，彼此"只闻其声，不见其影"。因此，打电话者和接电话者均应格外注意音量、语气及谈话内容，以便给对方留下美好的印象。

使用电话的最大问题，对方只能从两条线索对你产生印象——你的态度与声音。只打过一次电话到你办公室的人，将会利用电话揣测出你办公室九成的样子。你相信吗？通话者可由电话中判断出你今天是否愉快、是否睡眠充足，甚至当时的你是否坐得很端正。现在马上改变姿势：挺起腰杆坐直，肌肉拉直，做个深呼吸，并微笑地重复一次"早安"，听起来不是极为轻松、有朝气吗？对方透过电话已能感受到你积极的态度了。

所谓电话形象，是指人们在通话过程中通话人的语音、语调、情感、内容、时间感和礼貌感等的综合体现。它能够真实地体现出一个人的自身素质，待人接物的态度以及内心修养，是人的外在形象和内在形象的延伸和体现。

电话通信有即时性、经常性、简捷性、双向性和礼仪性等特点。电话的礼仪性特点，直接关系到通话人的电话形象，是一个人在社会交往中必须注意的一个问题。要想在别人电话通信有即时性、经常性、简捷性、双向性和礼仪性等直接关系到通话人的电话形象，是一个人在社会交往中必须注意的一个问题。

## 一、电话的口头用语

教师在正常情况下进行电话通话时，在其口语方面具体应当注意的问题主要有以下几方面。

（一）做好准备

要打电话，往往就要提前做好准备。在打电话之前，通话双方，尤其是率先拨打电话的一方，通常都要进行一系列的必要的准备。

拨打电话教师在拨打电话时所应当进行的准备工作，大体上有下面五点：

1. 备好电话号码 在有条件的情况下，拨打电话之前，必须正确无误地预备或查找好对方的电话号码。必要时，还可同时准备好联络对方的其他有效方式，如移动电话号码、传真机号码，或者对方其他的几个电话号码，以备在难以拨通头一个电话号码时使用。

2. 想好通话内容　在联络交往对象之前，大凡重要的电话通话，都应当提前对通话内容有所准备。在进行重要的电话通话之前，最好是备好一份通话提纲。这样在正式通话之中，既可以节约时间与费用，又可以抓住重点，条理分明，不易遗漏。

3. 慎选通话时间　教师在拨打电话给他人时所选择的通话时间，首先应当方便于对方，而不允许利己不利人。在一般情况下，拨打给他人的电话，不宜选择过早、过晚或私人休息时间。节日、假日、午休或用餐时间通常均不宜选择。打电话去偏远地区或国外时，还应当考虑时差等因素。

4. 挑准通话地点　因公进行电话通话前，对于通话的具体地点亦应有所斟酌。除了要兼顾现有条件之外，还应当在选择通话地点时考虑以下几个因素：一是电话的主要功能能否满足通话的基本要求。二是通话内容是否具有保密性，需要保守业务秘密的电话一般不宜在大庭广众之前拨打，尤其是不宜在外面使用公用电话拨打。三是不宜利用本单位电话去拨打私人电话，假公济私，贪占单位的便宜。四是尽量不要借用外人或外单位的电话，特别是不宜长时间借用，或者借用其拨打国内、国际的长途电话。

5. 准备对方回复要求　他人在指定时间来电话时，一定准时恭候在留给对方号码的电话机前，以等待对方的回复。至少在此前后的一刻钟之内，是不宜贸然离去的。同时还须切记，在此期间应不再使用留给对方号码的电话机通话，否则就极有可能使对方打不进来电话。

接听电话教师在工作岗位上接听电话，通常也需要事先有备无患。对教师个人来讲，常规的准备工作主要有三：

（1）确保畅通：本单位的电话，尤其是已经对外公布号码的热线电话或办公电话，一定要经常检查。发现故障之后要及时检修。更改号码后，要及时对外公告，以保证其畅通无阻，而非形同虚设。

（2）专人值守：本单位、本部门对外联络之用的电话，一般均应指定专人负责。在上班时间之内，要保证其随时有人接听，免得有碍于工作。

（3）预备记录：在不少时候，教师都可能会需要将外来的电话全部或部分地记录在案，作为资讯或转达之用。记录电话一般有三种主要方法：簿记、板书和录音。不论具体采用何种记录电话的方法，都应当将必要的工具，如笔、纸、记事板、录音带等等，提前备好。

（二）检点表现

在具体进行电话通话时，通话双方虽然不一定有机会利用可视技术看到对方，但彼此之间的现场表现，却依旧是对方完全可以感觉得到的。人们在进行电话通话时的具体表现，主要见诸双方通话之时的声音与态度。要求教师在通话时以礼待人，检点各自的通话表现，实际上就是要求其不论是在拨打电话还是在接听电话时，都要对自己的声音与态度进行有意识的调控。

通话双方在打电话时，都要力求使对方听清楚自己的声音。要在通电话时做到声音清楚，主要有五点注意事项：

1. 咬字准确　通话之时如果咬字不准，含含糊糊，自然难于让人听清、听懂。

2. 调控音量　在通话时，音量的高低极为重要。过高的音量会令人耳鼓欲裂，过低的音量又会使人听不清楚。在正常情况下，通话时的音量以对方听得清楚而又感觉舒适为宜。

3. 速度适中　与面对面的交谈相比，通电话时讲话的速度应当适当地有所放慢，否则就可能产生重音。但是，通话时的语速也不宜放得过慢，否则就会给人以有气无力、勉强应付之感。

4. 语句简短　通电话时，双方所使用的语句力求简练、短小。这样不仅可以节省双方的时间，而且也会有助于声音清晰度的提高。

5. 姿势正确　双方在通话时，皆应站好或坐好。不要随意在通话时走动，或是兼做其他事情。持握电话的正确姿势，是双手将其轻轻握好，听筒一方靠近耳部约 1 厘米处，话筒一方则距离口部约有 1 厘米左右的间隔。电话若与自己间距不当的话，也会使声音不够清楚。

（三）态度平和

教师在利用电话与他人进行联络时，必须有意识地保持平和的态度。在通话时，教师的态度显得亲近异常，或者过度冷漠，都会令人难以接受。

要求教师在通话时要做到态度平和，主要是要求其平等待人。要做到这一点，通常要求教师在通话时具体注意好三点：

1. 不卑不亢　不论关系如何，不论人求于我、与他人进行通话，还是我求于人，教师都要以尊重友好的态度去对待对方。既不允许妄自尊大、盛气凌人，也不允许低三下四，曲意逢迎。

2. 不骄不躁　在工作岗位上与任何人通话时，教师都要保持冷静的头脑，约束自己的态度。在任何情况下，都不允许在电话中滥发脾气、训斥他人，甚至对别人恶语相加。在电话上发牢骚、说气话、讽刺或挖苦人，也是绝对不应该的。

3. 不忘职责　教师在工作岗位上打电话时，务必牢记自己是"守土有责"的。该打的电话不打、该接的电话不接、该转的电话不转、随意中断通话，或者在通话过程中对对方保持沉默、不理不眯，无论如何都是一种失职的行为。

在通话的具体过程之中，拨打电话的一方与接听电话的一方，通常还有一些在态度上各自需要注意的事项。一方面，作为拨打电话的一方时，有四项需要注意。

（1）通话要见机行事　打电话时，主动权一般掌握在拨打电话一方的手里。尽管如此，教师在拨打电话时亦应注意对方的反应，见机行事，切勿居高临下。倘若感到对方反应不够及时或积极，可询问一下对方此刻通话是否方便。必要时，可过一会儿再打。

（2）拨错要及时道歉　万一因为误记、误拨等原因，而将电话打错了地方，在得到确认以后，一定要主动向对方赔礼道歉。不要若无其事地一声不吭，更不宜去向对方发脾气。

（3）时间要有所限制　在正常情况下，出于对交往对教师在通话态度上所须注意的主要事项象的尊重，拨打电话时切勿时间过长。一般来讲，每次通话的具体时间，以 3 分钟至 5 分钟以内为宜。拨打电话时拖延的时间过长，对于交谈对象是不够尊重的。

（4）话筒要轻轻挂　上依照惯例，应由通话双方之中地位较高者负责挂断电话。若拨打电话者希望中止通话，应依例在挂断电话时先向通话对象暗示此意，然后再以双手轻轻将话筒放下。挂断电话时切勿一言不发，随手猛掷；或者在对方意犹未尽之时，自作主张地戛然而止。

（四）讲究内容

在整个电话通话进行的过程之中，有关双方都要对通话的具体内容有所讲究。教师礼仪规定，在通话初始、通话中途以及通话告终之时，教师通话的基本内容不仅各异，而且具体规范也多有不同。

通话初始时的规范通话初始，是打电话的第一个阶段。在这个阶段，对于通话双方的主要要求是：互相问好、自我介绍、进行确认。

## 二、电话的书面用语

教师在进行电话通话时，往往还同时需要使用一些书面用语。作为口头用语的补充，有时书面用语还有可能跃升为主角。在通话时利用书面用语，主要应注意三个方面的问题。

（一）做好电话记录

教师在与交往对象或其他人互通电话时，尤其是在接听对方打进来的电话时，经常需要对对方的电话进行必要的记录，用以备忘。在进行电话记录时，除了要选择适当的记录工具之外，最重要的，是要力求记好要点内容，并在记完要点之后进行核实。按照常规，在进行电话记录时，其内容大致上应当包括"六 W"在内。所谓"六 W"，即以"W"为其拼写字母之首的六个关键的英文单词。

1. who 即"什么人"　它应当包括对方的姓名、单位、部门、职务、电话号码，等等。在记录总机接转电话或外地电话时，分机号码与电话区号、国家的电话代码等等，皆不可缺少。

2. when 即"什么时间"　它应当包括对方打来电话的具体的年、月、日、时、分。必要时，还必须记下每次通话所用的时间长度。

3. where 即"什么地方"　它应当包括对方所在的地点，以及接听电话者当时所处的具体地点。

4. what 即"什么事情"　它主要是指通话时双方讨论的具体事情。

5. why 即"什么原因"　它所指的是通话的主要原因，或者双方所讨论的某些事件的前因后果。

6. which 即"什么处理方式"　它一般指的是进行电话记录的一方事后对记录所做的处理。做好电话记录之后，还须认真进行妥善的管理。

（二）管好电话记录

只做记录而不事管理，往往会使自己前功尽弃。要管好电话记录，主要要求经手办理此事的教师认真注意如下四点：

1. 精心保管　作好电话记录之后，一定要将其精心加以保管。切勿随手将其乱扔乱放，从而在需要它时难于找寻。有鉴于此，尽量不要在碎纸或便条上进行重要的电话记录。

2. 认真保密　对于重要的电话记录，尤其是当其涉及行业秘密之时，务必做好保密工作。在一般情况下，单位专用的电话记录簿须由专人负责保管。不准将其广为传阅，或者随意向外界披露。其他教师，未经允许，不得随意翻阅本单位专管专用的电话记录簿。

3. 及时处理　进行电话记录后，有关人员应及时对其进行必要的处理。该汇报的要汇报，该转告的要转告，该办理的要办理。要注意时不我待，不准随意拖延处理时间。在交接班时，有关负责人员要认真做好未曾处理的电话记录的交接。

4. 迅速反馈　有关人士在接阅电话记录后，应尽快对需要着手办理的事宜进行处置。必要时，要向有关人士通报处置情况。对于尚不清楚的情况，可再进行必要的了解。

## 第七节　网络用语

随着信息技术的不断发展和电脑的普及应用，网络在人类的生产、生活中扮演着越来越重要的角色。在我国，网络已逐渐成为人们在人际交往中所使用的一种高效便捷的基本工具。而在许多学校里，办公现代化与教学网络化早已是大势所趋，势在必行。教师在其工作、学习、生活中使用网络时，都必须要遵守网络礼仪。在具体的网络礼仪里，网络用语通常是其最基本的内容。一般而言，它指的是人们在使用网络时，在语言文字方面所应当遵守的一系列具体规则。

## 一、基本规范

平时，教师在利用网络时，应当自觉地遵守如下一些众所周知的网络使用的基本规范。

（一）公私分明

教师所在学校的电脑通常是办公的工具，因此教师在因公使用网络时必须明确自己的上网目的，做到公私分明，不可利用工作之便为个人私利服务。其基本要求是要遵守"公款公用"和"因公上网"两项基本原则。公款公用平时，教师不得利用公款，以公务之名购买个人电脑、软件挪做私用，或以之支付因私上网的费用。学校在给教师配备笔记本电脑时，应当严格按规定行事，不准浪费国家或学校的财产。因公上网任何情况下，教师都不准占用公家电脑私人使用，为个人牟利。例如，收发私人电子邮件、玩网络游戏、进行"网上约会"，等等。尤其不准在闲暇时间利用学校配给自己的笔记本电脑进行游戏、娱乐或做其他任何与公务、教学、科研无关的事情。

（二）控制时间

教师在利用网络从事公务活动或进行私人活动时，通常有必要注意时间的把握，并做到择时上网、适度上网。择时上网在某些特殊的时候，例如，教学、开会，或者身边的其他人正在休息，除非需要，教师显然不应该上网。因此，教师必须对自己上网时机的选择明确把握。如果自己选择的具体时机不当，往往就会导致自己对他人的不敬，甚至还会影响自己的正常工作或教学。

适度上网使用网络本是为了提高工作效率，或者是为了开阔视野、增加知识、娱乐休闲，但如果教师不受任何控制地长时间使用网络，甚至不分昼夜地上网，就会直接影响到自己的工作、学习与生活，甚至还有可能有损于自己的个人健康。

（三）确保安全

因教学与科研的需要，教师可能掌握着一些国家机密或行业秘密。为此，在使用网络这种极易广泛、迅速传递消息的交际工具时，教师就必须谨慎言行，切不可掉以轻心、泄露机密。

严守秘密平时在上网时，教师一定要注意严格保守国家机密或行业秘密，不可把国家机密或行业秘密当成自己炫耀的资本加以传播。要尽量避免在网上谈及与自己所知机密相关的话题，更不可借网络这种高效的传播渠道故意泄密。配有笔记本电脑者应当谨慎地保管好它，不得随意将自己的笔记本电脑借给他人使用，以免其中的机密材料外泄。为以防万一，应对重要的资料采取严格的加密措施。

防范"黑客"使用网络时，教师一定要防止"黑客"入侵。

所谓"黑客",即指采用非法手段侵入网络服务器的人。"黑客"往往凭借其高超的计算机知识和网络操作技术进入重要机构的服务器,或偷窃机密,或擅改程序,造成网络混乱,并借机牟利,进行高科技犯罪。近年来,我国已发生多起"黑客"入侵公共机构网络的事件,教师必须对此保持警惕。

## 二、具体的要求

除了上述规则外,教师在具体使用网络时,还必须对一系列网上漫游的要求予以严格的遵守。在这些要求中,有的涉及网络使用操作的具体步骤、程序、方法等,是关于"必须怎么样"的网络"法律"问题,如不遵守,就无法使用网络;有的则涉及"应该怎么样"一类的网络"道德"问题。这些规则虽不具有强制性的约束力,但仍要求人们严格遵守。对其来说,遵守这些"道德性"的规则,将有助于教师维护自身形象。下面,就以收发邮件和查阅资讯教师最常用的操作方式为例,对使用网络的一般性规则予以阐述。

(一)收发邮件

所谓电子邮件,即通过计算机网络在用户之间传递的各种信息。电子邮件是迄今为止最为方便、快捷的通讯方式之一。收发电子邮件是教师利用网络办公最常见的内容,也是最重要的方式。在收发电子邮件的不同阶段,教师务必遵循一定之规。

1. 在撰写电子邮件时,尤其是在撰写多个邮件时,应先在脱机状态下撰写,并将其保存于发件箱中。然后在准备发送时再连接网络,一次性发送。

2. 利用网络办公时所撰写的必须是公务邮件,不可损公肥私,将单位邮箱用做私人联系途径之用，不得将本单位邮箱地址告诉亲朋好友。

　　．在地址板块上撰写时，应准确无误地键入对方的邮箱地址，并应简短地写上邮件主题，以使对方对所收到的信息先有所了解。

　　4．在消息板块上撰写时，应遵照普通信件或公文所用的格式和规则。邮件篇幅不可过长，以便收件人阅读。

　　5．邮件用语要礼貌规范，以示对对方的尊重。撰写英文邮件时不可全部采用大写字母，否则就像是发件人对收件人盛气凌人的高声叫喊。

　　6．不可随便发送无聊、无用的垃圾邮件，免得无端增加网络的拥挤程度。

　　7．保守国家机密与行业秘密，不可发送涉及机密内容的邮件，不得将本单位邮箱的密码转告他人。

　　（二）查阅资讯

　　出于工作需要，人们往往会上网查阅一些重要的新闻或资料。一般而言，资讯的查阅大都通过万维网等途径进行。具体而言，查阅资讯往往也有一定之规。做好准备在上网前，对于自己所要查找的内容和所要登录的网站应有大致了解，并提前做好记录、下载或打印的准备。

　　目标明确后，上网时就能直奔主题，而不至于在网上漫无目标地查找。提高效率在网上查阅资料需要一定的技巧和方法。人们应当熟练地掌握、运用这些技巧和方法，从而提高办公效率，节约费用。对于所需要的资料可及时下载，而不宜在网上长时间浏览。

　　1．独善其身　在网上经常会遭遇到一些虚假或失实的消息广泛传播，甚至有黄色、反动等非法内容混杂于其间。网络使用者要保持清醒的头脑，增强辨识能力，不要轻信他人所言，更不要人云亦云、以讹传讹，甚至主动在网络中或课堂上发布假消息以致谬种流传。转载、复制、应用有版权的文字或图片时，需要首先征得版权人的同意。不要制造或传播网络病毒。

2. 文明交流　在网上与人交流时，应确保用语的规范和文明，不得使用攻击性、侮辱性语言。此外，网络沟通拥有一整套自身独特的语言符号系统，人们应当对其加以了解，并谨慎使用，以免因对方不解进而导致交流受阻。与此同时还应对此熟练掌握，以便能够理解他人之所言。

3. 言语有度　为维护自身形象和自己学校的形象，网络使用者切不可以学校或其他个人与其他单位的名义在网上任意发表个人对新闻时事的看法，尤其不能发布假消息或泄露国家机密与行业秘密。此外，教师不得在网上从事不法生意并招揽客户；不要任意链接他人站点的内容；不要随便散发不属于自己的信息。

除了收发邮件和查阅资讯外，互联网还能为人们提供其他各种服务，例如，网上聊天、网上购物、电子公告板，等等。教师在享用这些资源时，要遵守一定之规。例如，进入聊天室前应先打招呼；不要频繁更换别名；不要说话啰唆；不要使用污言秽语；不要骂人；不要嘲笑、讽刺、诋毁、攻击别人；不要说谎骗人；不要传播虚假信息；不要制造危害社会的信息；不要随便进行网络约会；玩网络游戏时不得以各种方式作弊等。

事实上，人们在日常性的工作、学习与生活里的一些行为准则，往往同样也适用于貌似虚拟的网上交流。总之，每一位身为"网民"的教师，都应当自觉地成为一名有知识、有技术、有道德、有规矩的"文明网络人"。

# 第四章　教师的行为礼仪

## 第一节　教师的办公礼节

在学校里上班时，每一名教师都必须严格地遵守办公礼节。所谓办公礼节，是指教师在其所属学校内部工作时所应当遵循的最为基本的行为规范。

在具体运用办公礼节时，对下述要求应予重视：一是就适用对象而言，它仅仅适用于本学校内部；二是就适用地点而言，它仅仅适用于办公室这种特定的办公地点；三是就适用时间而言，它仅仅适用于正常的上班时间。超越上述特定的范围之外，办公礼节通常就会失效。

办公礼节的宗旨，实际上是要协调、处理好学校内部的各种人际关系，以便使本学校全体教师上下一心、同心同德、团结友善。由此可见，办公礼节的主要使命，就是要建立和谐学校与教师彼此之间融洽的人际关系，以便增强学校的向心力与凝聚力。一般而言，在具体规范学校内部的各种人际关系时，办公礼仪的基本宗旨是：约束自我，善待他人。

## 一、自我约束

就本质来说，人是各种社会关系的总和。因此，每一个正常人不论置身何处，都应当自觉地、积极地、主动地处理好人际关系。在现代社会中，忽略人际关系、我行我素、率性而为往往是行不通的。"要做好事情，须先做好人。"处理不好人际关系，其实就是不懂做人之道。不懂得做人之道，反过来往往又会直接或间接地有碍自己的本职工作。每一名教师，不论其职位高低，在处理自己在本校的内部人际关系时，首先要学会约束自我。

所谓约束自我，在此主要是要求教师在待人接物方面一定要严于律己。在处理本校内部的人际关系时，必须有意识地对自己有所要求。按照常规的礼仪规范，每一名教师在自我约束方面，主要应当关注爱岗敬业、训练有素、保持自尊三大要点。

（一）爱岗敬业

爱岗敬业，是对教师的基本要求。在工作中，每一名教师都应自觉自愿地对其身体力行。就目前而言，教师的爱岗敬业主要应当表现在如下方面：

1. 全心投入　常言说："三百六十行，行行出状元。"要想在工作上有所成就，就一定要认真对待自己的工作。热爱是最好的老师，专心是最佳的途径。在工作上认真负责，锲而不舍，就一定会取得长足的进步。

2. 努力进取　在工作上不仅要专心致志，而且还要奋发向上、不断进取。人生唯有目标明确，才不至于虚度。在工作中只有不断进步，才能使自己立于不败之地。在工作之中没有努力进取的精神，就会失去上进的动力，就有可能在激烈的竞争之中遭到淘汰。

3. 坚韧不拔　你要做多大的事情，就要承担多大的压力。在事业上与生活上，任何人都不可能一帆风顺，被他人误解、遭受挫折，甚至饱受委屈的事情也许会时有发生。此时此刻，应当坚韧不拔，甚至忍辱负重，经受住任何形式的考验。

4. 以苦为乐　在自己的工作岗位上要想赢得他人的好评，不仅需要努力学习、勤于钻研，而且应能吃苦耐劳，不为名利所动，不计较一时一事的得失。

5. 取长补短　虚心使人进步，骄傲使人落后。在工作中，既要承认自己的长处，更要正视自己的短处，并且还要善于取人之长、补己之短。在社会上，每一位受人尊重的人，都必定在其事业方面有所成就。

（二）训练有素

在具体的工作之中，不论自己是一位校长，还是一名普通教师，都应当努力使自己拥有一技之长，使自己在工作的各方面都表现得训练有素。下述六点尤须注意：

1. 精通业务　一名教师如欲在工作中表现得训练有素，首先要精通业务。而要真正做到这一点，就必须从现在做起，从点滴做起，认真学习，努力实践，在钻研业务时既要有热心，更要有耐心。

2. 学识渊博　每一名教师除了要熟悉自己的业务外，还应当视野开阔、善于观察、勤于思考，努力学习掌握其他方面的新知识、新观点、新信息，以便与时俱进。

3. 遵守法纪　在日常工作与生活之中，每一名教师都应做到在社会上遵守法律，遵守社会公德；在学校中遵守纪律，遵守职业道德。

4. 守口如瓶　在工作中，往往会掌握一定的行业秘密或者别人的隐私。而一名教师训练有素的标志之一，就是在外人面前要对此守口如瓶。这不仅是一种个人素养，也是一种最基本的职业操守。

5. 注重效率　在工作之中，既要认真做事，更要讲究效率，不但要追求质量，也要保证数量。假使教师在工作中拖拖拉拉、敷衍了事，必然会为其他后来者所赶超。

6. 恪守承诺　在工作中，人们十分强调"一诺千金"。在因公交往中，一个有信用的教师才有可能广交朋友，而一个不讲信用的人却往往举步维艰。有人曾说："信用是每一家企业的最佳广告，也是现代人在职场的立足之本。"此言宜为每一名教师所谨记。

（三）保持自尊

在处理各方面的人际关系时，教师都要有意识地保持自尊。尊重自己，才有可能获得他人的尊重。一个没有自尊的人，永远也不可能受到他人的尊重。

每一名教师在维护其自尊时均应注意下列五条细则：

1. 珍惜形象　在工作中，教师必须对个人形象倍加珍惜。教师的衣着、举止、谈吐，既反映着其精神风貌，又表现出其素养、品位与身份。在此方面稍有差错，就会使个人形象受到损害。

2. 公私分明　处理具体工作时，公私分明是对每一名教师的起码要求。一方面，要分清学校的大局与个人的情感，不要将个人情感夹杂到工作关系之中；另一方面，则要爱惜学校的财物，自觉防止贪占学校财物的事情发生。

3. 争分夺秒　在现代社会里，时间就是生命、时间就是效率、时间就是资源。在具体工作之中，每一名教师都应当善于有效地分配时间、利用时间，分秒必争，并且懂得珍惜别人的时间。

4. 安排有方　学校里的日常工作，往往千头万绪。要想达到举重若轻的境界，就一定要善于对其进行合理安排。在安排各项事务时，一定要注意轻重有别、缓急有序、条理分明、有条不紊。

5. 维护环境　在工作中想要给他人留下良好印象，还需认真地维护好自己的办公环境。具体而言，办公环境又有"大环境"与"小环境"之分。前者指的是办公室内外的整体环境，后者则是指个人的办公桌、文件柜等具体环境。对它们的基本要求是：干净、整齐、有序。

## 二、善待他人

教师只要在学校内部从事任何一项具体的工作，往往都会涉及各种各样的人际关系。应当承认，协调、处理人际关系的能力，是一名教师所应具备的基本工作能力之一。

在现实的人际交往中，一个人的人际关系如何，不仅反映着其个性如何，而且往往影响着其事业的成功与发展。在公务交往中，要求每一名教师在协调与处理人际关系时都要始终不渝地善待他人。

善待他人，一般又涉及下列五个层面的问题：一是主动接受他人，二是高度重视他人，三是认真尊重他人，四是努力理解他人，五是友善对待他人。在学校的内部管理中，每一名教师所面临的最重要的人际关系不外乎与同事的关系、与上司的关系、与下属的关系、与异性的关系等。若想在实际工作中真正做到善待对方，自然应根据交往对象的不同而有所区别。

（一）与同事的关系

同事，在这里指的是与自己在同一所学校里共事的、朝夕相处的其他教师，或其他的行政、后勤人员。在学校里工作时，教师自己的同事往往是不能由自己所选择的。唯有主动接受他们，并力争与其和睦相处，才有助于自己工作的顺利开展。必须牢记：尊重同事是一种本分。

具体来讲，要处理好与同事的关系，应注意下列六点：

1. 平等相待　与同事共处，要亲切友善，不能分亲疏远近。在一般情况下，对待同事应当一视同仁，不偏不倚。在同事之中拉山头、画圈子、搞宗派，或者过于偏向一部分人，虽有可能受到一些同事的青睐，但也可能由此而失去另外一些同事的好感。这些庸俗的做法最终只会损害同事之间的关系。

2. 搞好团结　平时与同事打交道时，既要讲究公事公办、开诚布公、直言不讳，敢于开展批评与自我批评，又要注意具体的方式方法，不搞歪门邪道，不借题发挥、煽风点火、挑拨离间、破坏团结。

3. 待人以诚　正常的同事关系，本质上应当是君子之交。此种君子之交的同事关系，要求彼此之间豁达大度、互信不疑、以诚待人。苏东坡曾经说过："服人以诚不以言。"人与人之间最大的信任来自诚实无欺，同事之间的相互信任亦应以真诚为基础。对同事虚情假意、不讲诚信，必然会失去对方的信任，甚至伤害对方。

4. 相互支持　既然同事是自己工作上的伙伴，那么在工作之中就应当主动地关心对方、帮助对方。当同事需要支持或帮助时，应当挺身而出，鼎力相助，而不要附加什么条件、要求，也不能为此而有怨言。应当确认的是，支持同事的工作不仅会赢得对方的支持，而且也会直接有助于本学校的发展。

5. 距离适度　不论帮助、关心、支持同事，还是对方主动有求于自己，都要注意就事论事、适可而止。处理自己与同事的关系时，始终都要把握好分寸，要防止热情"越位"、违反规定、强人所难、干涉对方的私生活，甚至引起对方的反感。

6. 戒骄戒躁　在工作之中，要虚心待人，善于向周围的同事取长补短。要真正地视同事为良师益友，认真地向对方学习。在同事面前，任何时候都要力戒自高自大、目空一切、忘乎所以。对同事指手画脚、盛气凌人、简单粗暴，都是要不得的。在学校里，上司指的就是自己在教学、工作关系上的上级领导。

（二）与上司的关系

是妥善地处理好自己与上司的关系，通常被视为教师的本职工作能否顺利开展的基本前提。必须牢记：尊重上司是一种天职。

要处理好自己与上司的关系，下述五点均须谨记：

1. 服从领导　与上司共事，首先需要摆正自己的位置。既然在上司面前自己是下属，那么在工作之中就必须服从上司的领导。在工作上，允许教师以正当方式向上司提出意见或建议，但一旦上司做出了决策，就必须积极地遵照执行。对上司的指令阳奉阴违、任意曲解，甚至公然大唱反调，都是绝对不许可的。

2. 维护威信　在工作中，不论为了维护学校的形象，还是出自下级服从上级的纪律约束，每一名教师都必须有意识地维护上司的个人威信。一方面，不宜在背后议论、评论、指责上司的个人能力与基本决策；另一方面，在大庭广众面前，也不宜当众顶撞、指责上司，或者取笑、捉弄上司，使其当众出丑。

3. 敬重上司　不论自己与上司之间的私人关系如何，都要注意在工作场合，尤其是在外人面前时时、处处、事事以恭敬之心相待。要明确自己与上司在工作中所处位置的不同，该向上司请示时就要请示，该向上司汇报时就要汇报，对待上司的建议要认真考虑，对待上司的批评亦应虚心接受。称呼上司时要使用尊称，与上司交谈时要使用敬语，同上司外出时勿忘对对方"礼让三先"。

4. 明确权限　在学校里，每一名教师不但分工不同，而且工作之中的权限范围也有所不同。在实际工资中，每一名教师对自己的具体工作既要开拓进取、积极主动，也要讲究量力而行、注意权限。一个学校犹如一部机器，要保证其正常运转，就要求其所有部件各就各位、恪守本分。假如教师在其工作中率性而为，擅自做主，不懂得各司其职的重要性，往往就会导致学校这部机器"运行出轨"。

5. 全力以赴　在日常工作中，教师对于上司最佳的支持、最好的回报，就是要认认真真、尽心尽力地做好自己的本职工作。在平时，积极做好本职工作，实际上就是主动地配合上司，就是为上司分忧，同时也是对上司的最大支持。真正做到了这一点，无疑将会使上司对自己另眼相看。

（三）与下属的关系

所谓下属，在学校内部一般是指在工作中归属自己管理、领导的部下。俗话说："一个好汉三个帮。"任何一名领导，不论其多么精明强干，如果失去了下属的支持、配合与拥戴，往往就会变成一事无成的孤家寡人。

必须牢记：尊重下属是一种美德。要想处理好与下属的关系，对下列五点应予重视：

1. 充分信任　每一位有成就的领导，都懂得对于下属必须"用人不疑，疑人不用"。在实际工作中，一旦将某项具体任务交给了自己的下属，就要给对方以相应自主安排、自行发挥的空间，要充分信任下属的经验、能力与决断。除必要的指令之外，一般不要给予下属过多的限制与干涉。这种做法对对方既是一种信任，也是一种支持。

2. 量才使用　在向下属具体分配、下达任务时，首先应当对对方在工作上的能力、经验与潜质综合加以考虑，然后在此基础上量才使用。对下属量才使用而不是逼迫对方勉为其难，不仅有助于工作任务的顺利完成，而且也是现代管理科学对领导者提出的起码要求。

3. 礼贤下士　在工作中所存在的上下级关系，不过是由于分工不同而形成的一种普通的人际关系。在上司与下属之间，既存在一种领导与被领导的关系，又存在着一种同舟共济的同事关系。一名高明的领导必然懂得：尊重下属是一种做人的规则，礼贤下士则是领导所必备的一种素养。在任何时候，领导对其下属都要平等相待、态度温和，尤其要在人格上尊重对方。

4. 热情相助　在实际工作中，每一名领导都要积极而主动地对自己的部下给予一切力所能及的、必要的帮助。在下属需要帮助时，一定要尽力相助。当下属未曾要求帮助，而自己发现确有帮助对方的必要时，亦应出手帮助。对上司而言，为下属排忧解难属于其本职工作；帮助下属，其实就是帮助自己。

5. 体谅保护　为下属所爱戴的上司，通常都是善于对下属体谅保护之人。在工作中处理人际关系时，上司不能搞任人唯亲；评估工作时，上司不应对下属求全责备；下属遭遇困境时，上司要敢于同下属风雨同舟；下属遇到挫折时，上司对下属要在生活上帮助、工作上支持、精神上理解；下属在工作中发生失误时，上司理当主动承担必要的责任。

（四）与异性的关系

在每所学校内部，人们在协调、处理人际关系时，通常均须考虑性别因素。在任何场合，男女之间的关系往往都是十分敏感的问题。在学校里，这一点当然也不会例外。必须牢记：尊重异性是一种风度。

处理与异性之问的相互关系时，教师不可忽略以下四点：

1. 男女平等　在学校里，尽管男女之间分工有所不同，但其社会地位理当完全平等。要坚决反对在工作中所存在的性别歧视，尤其是要反对男尊女卑、重男轻女或女权至上、重女轻男的极端主义做法。

2. 彼此宽容　在坚持男女平等的同时应当承认，在具体能力方面男女确有差异；男性大都处事果断，但却往往为人粗犷、散漫；女性往往温柔细心，但却时常拘谨、敏感。因此，男女相处时要彼此宽容、忍让，彼此都不宜苛求于对方。

3. 相互配合　要做好工作，就要善于同异性搞好配合。在工作中，既要善于与同性合作，也要学会如何与异性打交道。总之，要在工作中充分调动各方面的积极性，在工作中，经常需要不同性别的教师相互配合，不论缺少了哪种性别的教师，都有可能造成整个工作上的损失。

4. 掌握尺度　与异性相处，要掌握好必要的分寸，对异性的关心和帮助不要超过限度。与异性交往，切忌距离不当。语言不检点、举止上无自尊、共处时没有风度，都是典型的不当之举。

## 第二节　教师的会面礼节

会面，就是一个人与别人见面。在人际交往中，特别是在正式交往中，会面作为"开场白"，通常都是值得人人重视的头一个重要环节。心理学证明：在人际交往中，尤其是在初次交往中，一个人留给其交往对象的第一印象往往是至关重要的。在一般情况下，它不但直接左右着对方对他的评价与看法，而且还会在很大程度上影响到双方今后的交往。会面是人际交往的第一个环节。

一般而言，一个人留给他人的第一印象，大都形成于和对方会面之初。有鉴于此，珍视自我形象的教师，务必对自己与他人的会面慎之又慎。教师在与他人会面时，要想留给对方良好的第一印象，一个最重要的做法，就是要掌握并且恰到好处地运用会面礼节。会面礼节，亦称见面礼仪。指的是人与人在会面之际所应遵守的主要的行为规范。称呼、问候、介绍、握手以及交换名片等，都属于教师所应当掌握的会面礼节的基本内容。

## 一、称呼

称呼，通常是指人际交往之中所使用的称谓语。教师在与别人打交道时，能否使用恰如其分的称呼，不但体现着其自身的修养和对对方尊重的程度，而且还反映着彼此之间的关系与整个社会的风尚。在人际交往中，称呼尽管短而又短，往往被人们一带而过，但是在实践中它却备受关注。教师在日常生活里使用称呼时，切莫对其马虎大意。

（一）称呼的作用

要引起对称呼的重视，教师首先就必须充分了解称呼在人际交往中的重要作用。

一般而言，称呼至少发挥着下列四个方面的作用：

1. 体现着一个人对于他人的基本评价　称呼的一大特点，是它具有鲜明的褒贬性。尊重一个人时，自然应当对其采用尊称。而轻视一个人时，则往往会对其采用有失敬意的蔑称。

2. 标志着一个人自身情感的显著变化　一个人自身情感的变化，通常会对其人际交往产生一定的影响。当一个人心情甚佳时，他对于别人的称呼往往会充满亲近、友善。当一个人情绪低落时，他对于别人的称呼则难免会有意无意地表现出冷漠或距离。

3. 反映着一个人与其他人的亲疏远近　在人际交往中，人与人之间的亲疏远近有所不同，其彼此之间所采用的具体称呼时常会相去甚远。双方之间的关系越是亲近，彼此所用的称呼也往往越比较随便。双方之间的关系越是疏远，彼此所用的称呼则反而较为郑重其事。

4. 展示着一个人与其他人的地位差异　一个人在其人际交往中，通常会与自己的交往对象在地位上存在着一定的差异，包括职务、辈分等。在正式场合里称呼他人时，往往会显现出双方之间所存在的地位差异。

（二）称呼的类型

具体而言，称呼有着许多用途不尽相同的类型。教师们如欲正确地使用称呼，就必须既能够区分称呼的不同类型，又善于在具体使用称呼时选择恰当的类型。

1. 正规称呼　它主要适用于人与人之间的初次交往、因公交往和对外交往。正规称呼总的要求，是要通过称呼的具体使用，来体现出称呼者对被称呼者的谦恭与敬意。进而言之，教师所使用的正规称呼具体又可以分做六类：一是以"您"相称；二是以"同志"相称；三是以"同学"相称；四是以"小姐"、"先生"、"女士"或"夫人"相称；五是以学衔、军衔或警衔相称；六是以职务、职称或职业相称。

2. 非正规称　呼它主要适用于各类非正式场合，并且多为亲朋故旧之间所采用。非正规称呼的主要特点，是要借助于此类称呼的使用，去表达称呼者对被称呼者的亲近与随和。一般来讲，非正规称呼大体上有下列五类：一是以"你"相称；二是以姓名相称；

三是以"老"或者"小"加上姓氏相称；四是以名字或者小名相称；五是以辈分相称。

（三）称呼的规则

在称呼他人时有一些原则性的规定，规则，主要有以下两项。

1. 考虑彼此关系　在称呼他人时，教师必须优先考虑相互之间的具体关系。在人际交往中，彼此之间的关系若有不同，具体使用的称呼自当有所区别。举例而言，老师在称呼学生时，可以直接称呼其姓名；而学生如果直接称呼老师的姓名，则属于不敬之举。即称呼的规则。

2. 兼顾具体场合　在称呼他人时，教师必须认真兼顾当时所处的具体场合。同样一种关系的人，在不同的场合里，彼此之间所使用的称呼往往会有所不同。一般而论，在正式场合，或是外人面前，需要采用正规称呼。在非正式场合，或是在自己人面前，则往往可以采用各种非正规称呼。

（四）称呼的禁忌

教师在人际交往中，为了使自己对他人的称呼不失敬意，通常应当避免犯下列几种主要的禁忌：

1. 不要使用绰号作为称呼　以绰号作为称呼，尤其是自作主张去给他人起上一个绰号，既显得过于随便，也是不尊重他人的表现。

2. 不要使用庸俗性的称呼　有些称呼，例如，"甜心"、"达令"、"死党"、"哥们儿"、"姐们儿"、"大腕儿"等，要么显得过分亲昵，要么粗俗不堪，统统都是难登大雅之堂的。

3. 不要使用歧视性的称呼　在现代社会里，人与人之间应当是完全平等的。因此，在称呼他人时，切勿有意居高临下，歧视对方。不允许随意以称呼去贬低对方，更不准在称呼中带有对对方民族、宗教或者生理、性别、职业、出身等方面的歧视。

4. 不要滥用行业性的称呼　有的称呼，仅仅适用某一特定的行业。如果超出了这一范围，便会显得不伦不类。"师傅"、"老板"、"战友"、"出家人"之类的称呼，均属于这类不宜滥用的行业性称呼。

5. 不要滥用地域性的称呼　不少称呼，只有在某一特定区域内使用才名正言顺，不会招致误会，它们即为地域性称呼。例如，中国人常用的"爱人"这一对配偶的称呼，到了境外则往往会被人理解为"情人"。

## 二、问候

问候，又叫做问好或者打招呼。它适用于人们见面之初，主要用以向他人询问安好、表示关切或者致以敬意。在正常情况下，教师在与熟人见面时，双方理当相互致以问候。否则，就是一种目中无人的表现。在会面时，人们彼此之间互致问候虽说是一项例行公事，但依然不可对其掉以轻心。在问候他人时，教师主要应当注意下列三个方面的问题。

（一）问候的内容

人们在问候他人时，所使用的具体内容往往多有不同。通常，问候语的具体内容具有明显的地域性特征。在一般情况下，人们常用的一些问候语往往都是约定俗成的。根据具体内容加以区分，问候语大致可以分为三类。

1. 问好型　所谓问好型的问候语，即见面时直接问候交往对象："您好"、"早上好"、"下午好"或者"大家好"。它言简意赅、直截了当，既不失礼貌，又可避免东拉西扯，故而最为正规，适用范围最广。

2. 寒暄型　所谓寒暄型的问候语，即人们在平日问候他人时所讲的一些应酬话，诸如"吃了没有"、"上哪里去"、"忙什么呢"等。对于这类问候语，一般没有必要予以实质性的答复。它多适用于熟人之间。在跨文化交际时需要慎用。

3. 交谈型　所谓交谈型的问候语，即人们在问候他人时直接找到一个话题，在问候对方的同时，希望就此交谈下去。此类问候语，多适用于公务场合。

（二）问候的顺序

在具体问候别人时，往往有一些先后顺序方面的具体问题，理当引起教师的重视。越是正式的场合，越是要正视这一点。

1. 两人见面　两个人见面时，双方均应主动问候对方，而不必非要等待对方首先开口不可。不过在正常情况下，标准的做法是所谓"位低者先行"。即双方之中处于地位较低的一方，应当自觉地首先问候地位较高的一方。

2. 一人与多人见面　当一个人与多人见面时，问候对方有以下两种具体方法可循：一是由尊而卑，依次一一问候对方。二是统一问候对方。例如，"各位好"

（三）问候的态度

在问候他人时，教师要使自己言行一致，因为此时此刻，人们往往是讲究对交往对象"听其言，观其行"的。教师在问候他人时，一定要力求态度热情而友好，切勿显得傲慢冷漠、敷衍了事、得过且过。

在问候他人时，要使自己的态度热情而友好，关键是要使自己的表情与举止能够同问候语的具体使用彼此协调、相互配合。以下几点，尤其需要注意：

1．起身站立，迎向对方　问候别人时，教师既不应该坐而不起，也不应该等待对方走向自己。但凡有可能，就要站起身来，并且主动走向被问候者。一般来说，问候他人时，双方之间的距离以1米~3米为宜。

2．面含微笑，待人友善　问候他人时，通常应当面含微笑。这样做，既是对对方的一种接纳，也是对对方友好之意的直接体现。倘若在问候别人时不苟言笑，甚至显得过度冷漠，就会使自己显得排斥对方。

3．目视对方，态度真诚　问候别人时，眼到与心到往往直接关联。假如在问候他人时左顾右盼，则会给人以心不在焉之感。

4．认真对待，及时回应　在任何情况下，问候别人都是一种不可或缺的基本礼节，教师们对此一定要引起重视，并且认真对待。特别重要的是，当他人问候自己之后，一定要谨记"来而不往，非礼也"，应及时地对对方予以回应，认认真真地问候对方，千万不可有来无往。

## 三、介绍

介绍，一般指的是在人际交往中使彼此双方互相有所了解的说明性语句。在人际交往中，互不相识者之间唯有通过介绍才能够彼此认识，进而建立联系。所以说，介绍是人际沟通的出发点。按照被介绍者的不同，介绍通常被分作介绍自己、介绍他人和介绍集体三种基本类型。在礼仪方面，它们各有一些不同的规定。

（一）介绍自己

介绍自己，亦称自我介绍。它所指的是自己把自己介绍给其他人，以便使对方认识自己。主动向别人介绍自己，称作主动型的自我介绍。应邀而向别人介绍自己，则称作被动型的自我介绍。不论采用何种类型介绍自己，均应注意下述几个主要问题：

教师向别人介绍自己，总要选择在有其必要之时进行。不然的话，便会劳而无功。不仅如此，介绍自己还应当选择适当的时机。注意这一点，才会使自己所作的自我介绍引起他人的重视，并且为对方所记牢。一般来讲，干扰较少的时机、对方有兴趣的时机、初次见面的时机，都适合于进行自我介绍。

介绍自己时漫无边际地信口开河，滥搞长篇大论，不但毫无必要，而且还会给人以华而不实的印象。因此，在进行自我介绍时以简短为佳。介绍自己时，应当根据具体的情况，而在内容上有所区别。

就具体内容而论，介绍自己可以分成三种方式：

1. 应酬式 即只介绍自己的姓名。此种介绍适用于面对不愿意与之深交者。

2. 交流式 即除了介绍自己的姓名之外，还须同时介绍自己所在的具体单位、所担负的具体职务，或者所教授的具体专业。其目的是要使他人对自己的基本情况有初步了解。

3. 答问式 即根据交往对象所提出来的具体问题，来选择自我介绍的基本内容，有问有答，答其所问。

上述三种自我介绍，各有其适用的场合。应酬式自我介绍，适用于面对泛泛之交。交流式自我介绍，适用于面对意欲结交之人。答问式自我介绍，则主要适用于在自我介绍时兼以答复他人的询问。

进行自我介绍之时，教师务必实事求是，诚实无欺。具体涉及个人的情况，尤其是需要进行自我评价时，既不必过度谦虚，再三地贬低、否定自己，也不应该自吹自擂、夸大其词。介绍自己时，既然主要是为了让别人了解自己，那么在具体内容上就应当力求真实可信。

（二）介绍他人

介绍他人，又叫做第三者介绍或替他人作介绍。指由介绍者作为第三者，来为彼此不相识的双方相互进行介绍。在人际交往中，教师往往也免不了要充当介绍者，来替他人作介绍。介绍他人时，有四点应予注意。

介绍者在人际交往中，介绍他人时究竟应由何人充当介绍者，通常有一定的讲究。

在一般情况下，介绍他人时，介绍者应由下列身份者担任：

1. 与被介绍双方相识者。

2. 社交聚会中的主人。

3. 公务往来中专职的接待人员。

4. 在场之人中的地位最高者。

5. 应被介绍一方或双方要求者。

（三）介绍的准备

欲使介绍他人得以顺利地进行，介绍者事先应当有所准备。其中最重要的是要记住以下几条：

1. 需要了解被介绍者双方之间是否认识，免得令自己的好心好意变成多此一举。

2. 需要了解被介绍者双方是否希望相互认识，当他们一方或双方无此愿望，大可不必去强人所难。

3. 需要了解介绍他人的具体时机是否合适，时机如果选择得不好，介绍的效果便不会太好。

（四）介绍的顺序

具体介绍两人相识时，总存在着一个孰先孰后的先后顺序排列问题。一般的规则，是讲究"尊者居后"。它具体含义是：介绍双方时，应当先介绍位低者，后介绍位高者，以便使位高者首先了解位低者的情况。具体而言，介绍长辈与晚辈时，应当先介绍晚辈，后介绍长辈；介绍老师与学生时，应当先介绍学生，后介绍老师；介绍女士与男士时，应当先介绍男士，后介绍女士；介绍已婚者与未婚者时，应当先介绍未婚者，后介绍已婚者；介绍职务高者与职务低者时，应当先介绍职务低者，后介绍职务高者；介绍客人与主人时，应当先介绍主人，后介绍客人。

（五）介绍的内容

介绍他人相识时，介绍者所讲的具体内容需要根据具体情况加以斟酌。介绍他人的具体内容，常用的主要有下述四种：

1. 简介式　即只提及彼此双方的姓名或者姓氏，其他内容则留待被介绍者自己接下来见机行事地介绍。

2. 标准式　即将双方的单位、职务、专业与姓名一并道来，它适用于正式场合。

3. 引见式　即当一方认识另一方，而不为对方所认识时，由介绍者将前者引见给后者。至于后者的情况，则可以略去不谈。

4. 强调式　即为了加深被介绍者双方之间的相互印象，而对其中的一方或者双方的某一方面的情况加以特别的介绍。

## 四、彼此握手

人们在见面时，通常都会相互行礼，以便向交往对象致以敬意。对中国人来说，握手便是相互见面时使用最为普遍的礼节。在日常生活里，握手虽为司空见惯之事，但是这在许多方面却颇有讲究。教师对其若是疏忽大意，搞不好就会弄巧成拙。

（一）握手的方式

与他人握手，有必要对具体的方式方法加以讲究。只有采用正确的方式，方能使握手发挥作用。一般来讲，与别人握手时，具体应当注意以下七点。

1. 起身站立　在他人面前起身站立，含有对对方的恭敬之意。因此，在与别人握手时，均应起身站立，只有女士在社交场合才可以有所例外。

2. 使用右手　就具体方位来说，通常讲究"右高左低"。在握手时，人们对于左右手的看法也是如此，所以在与别人握手时亦须使用右手。用左手与别人握手，一般被认为是不礼貌的，只有在特殊情况下才允许那样做。

3. 手位正确　同别人握手时，手位应当力求正确无误。标准的做法是握手的双方相互握住对方右手除拇指之外的其他四个手指。仅仅握住对方手指的指尖、握住对方的整个手掌或者握对方的手腕，都是失当的。

4. 时间适中　教师与别人握手的具体时间，既不宜过短，也不宜过长。握手的时间太短，好似敷衍对方；握手的时间过长，则会显得热情过度。在正常情况下，与他人握手的时间以 3 秒钟左右为宜。

5. 力量适度　握手时所用的力量，以 2 公斤右为好。用力过轻，会令人感到自己缺乏热忱。用力过重，则会给人以挑衅之嫌。

6. 神态友好　一般来讲，与别人握手时，均应目视对方双眼，并且面含微笑。此刻若是东张西望，或者面无任何表情，都会给人以不专心、不友好的感觉。

7. 稍事寒暄　与别人握手时，总要同时与对方交谈片刻。要么是问候对方，要么是叙叙家常。如果始终一言不发，则会导致冷场。

（二）握手的顺序

与他人握手时，双方伸出手来的先后顺序有着一定之规。最基本的讲究，是"尊者在前"。即双方握手时，应由地位较高者首先伸出手来。地位较低者若是首先伸出手来，则是失礼的表现。当客人与主人握手时，情况则较为特殊。客人抵达时，应由主人率先伸手，而当客人告辞时，则应由客人率先伸手。前者是主人为了体现自己对客人的欢迎之意，后者则是客人为了请主人就此留步。

如果一个人需要与数人一一握手时，合乎礼仪的顺序有二：一是由尊而卑依次进行，二是由近而远依次进行。前一种做法适用于握手对象地位尊卑较为明显之时，后一种做法则适用于握手对象地位的尊卑不甚明显或者难以区分之时。

（三）握手的禁忌

教师在与别人握手时，如欲使自己的所作所为表现得彬彬有礼，就不宜犯下述八种握手的禁忌：

1. 不宜戴着手套　只有女士在社交活动中才可以戴着薄纱手套与别人握手。

2. 不宜戴着墨镜　戴着墨镜与别人打交道，通常被视为暗含"拉开距离"之意。唯有眼部患病或存在缺陷者，才可以那么做。

3. 不宜以手插兜　与别人握手时，另外一只手不仅应当空着，而且应当在身体的一侧自然垂放。要是插入衣兜之内，容易给人以过分随便之感。

4. 不宜掌心向下　伸出手来与人相握时，假如掌心向下，通常会给人以居高临下之感。掌心向上，表示待人谦恭，掌心垂直于地面，则表示待人平等。

5. 不宜滥用双手　只有在亲朋故旧相见时，方可以双手与对方相握。与初交之人握手时，尤其当对方为异性时，以双手与其相握是不合适的。

6. 不宜推拉抖动　与别人握手时，动作与幅度应当适度。既没有必要握着对方的手推过去拉过来，也没有必要握着对方的手抖动不止。

7. 不宜跨着门槛　在握手时，双方的身体一般均应保持静态，站立不动。不要一边握手一边走动，尤其是不要跨着门坎，一脚门内、一脚门外地与别人握手。

8. 不宜争先恐后　不论是与要人握手，还是与多人握手，均应讲究先来后到，依次而行。不要推推搡搡、不守秩序、争先恐后。

## 五、交换名片

名片，指的是人们在进行交际时所使用的向别人介绍自己的一种特制的长方形的硬纸卡片。在它的上面，一般印有本人的姓名、单位、部门、职务、联络方式等项内容。在人际交往中，名片既可用以进行自我介绍，又可用以与他人保持联络。因此，它已被视为现代人应当随身必备的一种交际工具。教师在人际交往中，不论自己是否拥有名片，均应对名片交换的礼仪加以重视。至少，对于下述三大问题必须予以慎重对待。

（一）递送名片

需要将本人的名片递交给他人时，注意：

1. 有备而至　参加重要的人际交往活动之前，应当有意识地准备好自己的名片，并且将其置于易于取拿之处，以备不时之需。最为得体的做法，是将名片装入专用的名片盒、名片夹或名片包之内，然后将其放入自己的上衣口袋或随身携带的包、袋。

2. 讲究时机　一般来说，递送名片多见于初次见面，进行自我介绍之后。但是作过自我介绍之后，并非非要递送本人的名片不可。将自己的名片递送给对方，除了希望对方进一步对自己有所了解之外，还含有对对方表示重视、希望结交对方、与对方保持联络之意。把自己的名片递送教师通常有五个方面的礼仪规范需要给熟人，仅见于本人的单位、地址或联络方式发生变更之后。

3. 考虑顺序　交换名片时，合乎礼仪的顺序有二。第一，两人交换名片时，应当遵守"尊者居后"的规则。即双方之中地位较低者，应当首先把自己的名片递交给地位较高者。第二，一个人将自己的名片递送给许多人时，要么应当由尊而卑依次而行，要么应当由近而远依次而行。不讲任何顺序是不适当的。

4. 毕恭毕敬　将名片递送给他人时，理应恭恭敬敬。具体来讲，有下述五点必须注意：一是应当起身站立；二是应当主动走近对方；三是应当以双手或右手递上名片；四是递上名片时应当使之处于低于本人胸部的位置；五是应当将名片正面面向对方。

5. 语言提示　将自己的名片递送给别人时，一言不发是极不礼貌的。按照常规，在递上本人名片的同时，应当面含微笑，并略道谦恭之语。可以说："请多关照"、"请多指教"或者"希望今后保持联系"。直接告以"这是我的名片"，也未尝不可。

（二）接受名片

接受他人递送过来的名片时，亦应遵守相关的礼仪规范。假如自己的表现稍许失当，便会失敬于人。

1. 认真接受　名片者，具名之物也。因此，在接受他人名片时态度是否认真，往往会被同对对方尊重与否直接联系在一起。接受别人名片时，要表现出自己的认真友好之意，就必须注意以下三点：一是要起身站立；二是要迎向对方；三是要以双手或右手捧接。

2. 口头道谢　他人将名片递送给自己，尤其是当对方首先递上自己的名片时，这种做法本身就是对自己的一种尊重。所以在接受对方名片时，理当口头向对方致谢，或是告之对方："非常荣幸！"

3. 专心通读　为了表示对递上名片者的尊重，但凡有可能，在接过名片后，务必牢记：接受名片后，一定要通读一遍名片上的文字。这样做，至少有三个好处。一是可以表示对对方的重视；二是可以及时了解对方的具体情况；三是可以当面请教不清楚的地方。

4. 妥为存放　接过名片后，切勿反复把玩、折折叠叠、随手乱扔、乱掖乱塞、递给他人，或是放入裤兜之内。上述做法，均含有不敬之意。当着对方的面，在其名片上涂涂改改，亦为不当之举。得体的做法，是在将他人的名片通读之后，即应将其收入名片盒、上衣衣兜、随身携带的包、袋，或者办公桌的抽屉之中。

5. 有来有往　他人首先递上名片之后，自己亦应当即将名片递给对方。有来而无往，难免会令对方不快。教师倘若尚无名片的话，则可直言相告，或者告诉对方："改日再补。"

（三）索取名片

在一般情况下，教师不宜动辄向别人索要名片。但在必要时，是允许教师偶尔为之的。不过应当注意，在向别人索取名片时，为了做到可进可退，并且不失自尊与敬人之意，通常不宜在表达此意时显得过分唐突冒昧。比方说，直接询问对方："你有名片吗？"或者伸手向对方讨要："给我一张名片吧。"都未必合适。根据礼仪规范，索取他人的名片，大体上有如下四种常规的方法可循：

1．主动递上　主动呈上本人的名片所谓"将欲取之，必先予之。"首先递上本人的名片，对方一般都会有来有往，做出必要的回应。

2．向对方建议互换名片　假如担心上一种做法不管用，不妨直接告诉对方："能否：有幸与您交换一下名片？"这种做法通常都不会横遭拒绝。

3．询问对方　向有地位、有身份的人或者是长辈索要。询问对方："今后如何与您联系？"向平辈之人或者是晚辈索取名片时，大抵都可以做出这样的暗示。这样即便遭到对方的拒绝，也不至于过分尴尬。

以上四种索取他人名片的具体做法，应当说各有各的适用对象。前两种做法主要适用于携带名片之人。后两种做法则主要适合于未带名片者采用。应当说明的是，不论他人以何种具体方式向自己索取名片，教师都尽可能地不要回绝。

## 第三节　教师的拜访礼仪

拜访，又称拜见、拜会。在一般情况下，指前往他人的工作地点、私人居所或者其他商定的地点会晤、探望对方，或是与之进行工作方面的接触。不论在因公交往还是在因私交往中，拜访都是教师习以为常的一种社交方式。作为交往方式之一，拜访实际上是一种典型的双向应酬活动。在拜访中，访问、做客的一方为客，称为来宾。做东、待客的一方为主，称作主人。

任何一次正式拜访的顺利和成功，都难以离开宾主双方的密切配合与共同努力。对于宾主双方而言，在拜访的整个进程中都必须恪守本分、善待对方，依照相应的礼仪规范认真行事。从总体上讲，充当客人拜访他人时，一定要讲究客随主便，充当主人款待他人时，则一定要讲究主随客便。下面，就来分别介绍做客与待客的常规礼仪。

## 一、做客之规

做客，乃是拜访的基本组成部分。它虽是正常的人际交往中不可缺少的应酬，但若不谙做客之道，则难免会使拜访不能尽如人意。所谓做客，通常是指上门拜访他人。在拜访中，做客的一方一般属于主动的一方。

就做客礼仪而言，其核心之处则在于客随主便，尊敬主人。具体而言，又应当注意下列三个主要方面。

（一）有约在先

在所有的做客礼仪规范之中，有约在先是最为基本、最为重要的一条。它的基本含义是：拜访他人，尤其是进行正式拜访或者初次拜访，一般均应提前与拜访对象有所约定。换言之，拜访应当以两厢情愿、双方方便为基本前提。不提倡随意进行顺访，尤其是对待一般关系的交往对象不宜充当不邀而至、打乱对方计划的不速之客。从某种意义上讲，做客需要有约在先，既体现着拜访者的个人教养，更是对主人的尊重。因此，在进行拜访尤其是进行正式拜访或者初次拜访时，有约在先绝对不可予以省略。对教师来说，在拜访时做好有约在先，主要应当对以下三个具体问题加以关注。

1. 约定时间　在约定拜访时，一定要在两厢情愿的前提下，协商议定到访的具体时间与停留的具体时间长度。对主人所提出的具体时间，应予以优先考虑。由客人自己提出方案时，最好给对方多提供几种选择方案。在一般情况下，主人本人认为不方便的时间、工作极为忙碌的时间、难得一遇的节假日、不宜打扰的凌晨与深夜，以及常规的用餐时间和午休时间，都不宜进行正式拜访。

2. 约定人数　在预约拜访时，宾主双方均应事先向对方通报届时到场的具体人员、人数及其各自的身份，并征得对方的首肯。在拜访中，宾主双方都要竭力避免使自己一方中出现对方所不欢迎，甚至极为反感的人物。通常，双方参与拜访的人员一经约定，便不宜随意进行变动。做客的一方特别需要注意，切勿任意变更、拼凑或者扩大自己的队伍，尤其是不要临时捎带一些毫不相干的人物，例如，学生、孩子等前去赴约。在任何时候，来宾队伍过于庞大，都会令主人应接不暇，手忙脚乱，干扰其事先所作的安排和计划。

3. 如约而至　拜访者一旦与拜访对象正式约定拜访时间之后，必须认真遵守，轻易不再更改。万一有特殊原因，需要推迟或者取消拜访，应当尽快以适当的方式通知对方。不要若无其事，让对方空等。除此之外，当拜访者下次与对方见面时，最好还要再次表示歉意，并详细说明一下自己上次爽约的具体原因。拜访者在按照宾主双方的正式约定登门进行拜访时，应准时到达，既不要早到，让对方措手不及；也不要迟到，令对方望眼欲穿。总之，按照约定准时登门，才是拜访者最得体的做法。

（二）上门有礼

登门拜访他人时，每一位教师都必须时时处处注意有关的礼仪规范，进行自我约束。不论宾主双方的私人关系如何，不论自己所进行的是因公拜访还是因私拜访，拜访者都必须认真注意如下几点。

1. 轻装上阵　做客之前，拜访者一定要对本人的着装进行认真的选择。越是正式的拜访，就越要注意这一点。在正常情况下，拜访时的着装应当以干净、整洁、高雅、时尚为基本原则。应当注意的是，过分轻佻、随便的服装是不宜选择的。对自己衣着的某些重要细节，拜访者一定要提前检查再三。例如，衣服上的纽扣、拉锁一定要扣上、拉好，袜子一定要无洞、无味。不然进门后一旦需要更换拖鞋，可能就要当众献丑了。

2. 先行通报　进行拜访之前，往往需要先向拜访对象进行必要的通报。较为重要的正式拜访，在其进行之前的头一天，或者当天出发之前，拜访者应当与拜访对象再次进行联络，以便与对方再作确认。这一做法，同时还暗含提醒拜访对象之意。抵达拜访对象的办公室或私人居所门外后，倘若对方无人迎候，应首先采用合乎礼仪的方法，向对方通报自己的到来。通常，拜访者可请其秘书或家人转告，也可以敲门或摁门铃。拜访者在敲门时，以食指轻叩两三下即可，门铃的话，则让铃响两三声即可。若室内没有反应，过一会儿再做一次。千万不要用拳头擂门、用脚踢门、把门铃摁个不休，或者在门外大呼小叫，骚扰四邻。即使与主人关系非常之好，也绝对不要不打招呼便推门而入，否则既有可能显得自己少调失教，又有可能遭遇让人尴尬的场面，令自己进退两难。

3. 问候施礼　登门拜访时，拜访者与拜访对象见面之初，前者应当主动向对方进行问候，并且与对方握手为礼。一般而言，宾主双方握手时，应由主人首先伸出手去，而由客人对其予以回应。倘若宾主双方初次谋面，拜访者则还须略作自我介绍。若拜访者的同行人员之中有与主人不相识者，则拜访者还有义务替双方进行相互介绍。在拜访中，如遇到主人的同事、家人时，不论此前是否认识对方，均应主动同对方打招呼、问好，而不宜旁若无人、不搭理对方。前往亲朋好友的私人居所做客时，如有必要，可为对方预备一些适当的小礼物，诸如鲜花、水果、书籍、光碟，等等。在进门之初，一般即应向主人奉上自己所准备的礼物，并且对其再加以适当的说明，不要等到告辞之时再说。有除有放进入他人室内做客时，按照礼仪规范，拜访者应将身上的一些物品或者随身携带的一些物品加以去除、放下。这种做法，被视为向主人致敬的方式之一。

（三）为客有方

在他人的办公室或私人居所做客期间，拜访者对于自己的所作所为应当多加注意。从总的方面来讲，拜访者要自觉地要求自己、管束自己。具体而论，要注意围绕主题、限定范围、适时告退三件要事。

在这些方面如果出现大的闪失，会使自己的整个拜访行为大受影响。围绕主题任何一次登门拜访，对拜访者而言，都必然有其目的性。既然如此，那么在拜访做客之时，就应当使自己的所作所为紧密地围绕着自己进行拜访的主旨而行，绝对不允许"跑题"。

在一般情况下，宾主双方尤其是拜访者一方在拜访过程中，应尽快地直奔主题，接触实质性的问题，并力争达成共识，令双方彼此之间均有所获。不要临阵怯场，言不及义；或是随意变更主题，令双方无所适从，从而令拜访变得徒劳无益。对于正式拜访所事先议定的主题，拜访者更是要恪守不怠。否则，就会引起拜访对象的不满，并打乱双方原定的计划。

（四）限定范围

要使拜访围绕主题而行，一项得力的措施是：客人应当自觉地限定个人的交际范围与活动范围。

从某种程度上来说，在拜访时限定范围，也是拜访者自身所应具有的基本教养。这一要求有两层含义：

1. 限定拜访时的交际范围　友人表现出过多的兴趣。比如，要求客人不要对主人的亲属询问对方与主人的私人关系，就未必合适。

2. 限定拜访时的活动范围　要求客人一定要自觉地尊重主人的个人隐私，限制自己在拜访时的具体活动范围。未经主人允许或邀请，拜访者通常不宜在主人的办公室或者私人居所之内到处乱走乱看。一般而言，主人家里的卧室、书房、贮藏室等处均属外人的"禁地"。在拜访之时，随手乱动、乱拿、乱翻主人的个人物品，也绝对不能够允许。

（五）适时告退

拜访时，拜访者一定要注意适可而止，适时告退。如果客人与主人双方对会见的时间长度早已有约在先，则客人务必谨记在心，认真遵守。假如双方无此约定，通常一次一般性的拜访应以控制在一小时以内为限。初次拜访，则不宜长于半个小时。若非事出有因，或者宾主双方的关系异常密切，拜访者一般不宜在主人家里留宿，尤其是不宜临时或者主动地表达此意。

在拜访之中遇有他人到访，拜访者应适当缩减自己的停留时间，不要有碍于主人，更不要反客为主，硬找对方攀谈一番。拜访者一旦提出告辞，便要"言必信，行必果"。任凭主人百般挽留，都要坚辞而去。需要明白的是，主人的挽留有时是出自诚意，有时则可能出于礼貌的"例行公事"。无论如何，都不要一而再、再而三地拖延时间，赖着不走。在出门以后，拜访者即应与主人握手作别。作别之时，一般应由拜访者首先伸出手去与拜访对象相握，以示请对方就此留步，并同时对其给予自己的款待表示感谢。不要听任对方"十八相送"，或是长时间地在门外与主人恋恋不舍地大说特说毫无任何意义的"车轱辘话"。

在拜访期间，待客是一个重要的组成部分。如果离开了拜访对象对拜访者的接待，拜访就会变得既不完整，也难以成立。

## 二、待客之道

所谓待客，一般指的是拜访对象对登门拜访者所进行的接待活动。在拜访中，待客的一方通常属于被动的一方。待客时，拜访对象有必要遵守常规的待客之道。待客之道的核心之处在于：主随客便、待客以礼。

具体来说，这一待客的指导思想主要应当落实于以下三个方面：

（一）细心安排

与来访者约定拜访之后，主人即应着手从事必要的准备工作，以便令客人到访时受到周到的款待，并且令其进而产生宾至如归之感。一般而言，主人先期需要准备安排的，主要有四项工作。

搞好环境卫生在客人到来之前，往往需要专门进行一次卫生清洁工作，以便创造出良好的待客环境，并借以完善个人的整体形象，同时体现出对来客的重视。不要忘了"一室不扫，何以扫天下"的古训。进行卫生清洁工作的重点，应当是门厅、走廊、客厅、餐厅、阳台、卫生间等来客必经之处。此外，对于门外、楼梯等公众共享空间的卫生，亦应加以注意，不要只顾"自扫门前雪"。进行清洁卫生的基本标准是空气清新、地面爽洁、墙壁无尘、窗明几净、用具干净、摆设整齐。进而言之，还须对会客地点的室内及其周边环境加以适当的布置。进行环境布置的总体要求是以少为佳、整洁为上、简化装饰、务求实用。

（二）迎送礼让

在拜访中，客人对于自己抵达之时主人是否对其表示欢迎是十分敏感的。因此，在客人抵达之后，主人所要做的头一件事，就是要向对方表示热烈欢迎，并且待之以礼。为来宾送行时，主人亦须表现出应有的热情与礼貌。唯有如此，才可以使自己对来宾的友好之意贯穿于拜访的始终。

迎候对于重要的客人和初次来访的客人，主人在必要时要亲自或者派人前去迎候，以示对对方的重视或者照顾有加。迎候来宾的具体地点颇有讲究。一般而言，迎候远道来访的客人，可恭候于其抵达本地的"第一站"，即本地的机场、港口、车站，或是其下榻之处，并要事先告知对方。迎送本地的客人，宜在大门口、楼下、办公室或居所的门外，以及双方事先所约定之处。迎候来宾的具体地点，一般应由主人先行通报给来宾。为了防止自己晚到一步，令宾主双方失之交臂，主人或者其代表应在来宾预定抵达时间之前一刻钟左右先行到达迎宾的既定位置。对于常来常往的客人，虽不必事先恭候于室外，但一旦得知对方抵达，即应立即起身，相迎于室外。不要在客人到来之时我行我素，"岿然不动"，也尽量不要让别人尤其是孩子代替自己迎接客人。

与来宾相见之初，不论彼此熟悉与否，教师均应面含微笑，与对方热情握手。此刻，由主人率先伸手与来宾相握，是对来宾热烈欢迎的一个具体表示。与此同时，主人还应当对对方真诚地表示："欢迎，欢迎！"并致以亲切的问候。在一般情况下，现代人在待客之初，握手、问候与表示欢迎，被视为必不可少的"迎宾三部曲"。随意对此有所删减，即为失礼。来宾抵达时，假如自己这里还有家人、同事或其他客人在场，主人有义务为其进行相互介绍。要是任其互不搭理，或是自行进行接触，只能说明主人考虑不周，或是怠慢客人。

（三）热情相待

在接待客人之时，教师一定要表现出自己的热情、真诚之意。做到了这一点，会让客人更好地感受到主人的友善完全出自真心实意，而不仅仅只是循例而行。热情待客是拜访进行之中对于主人一方的基本要求之一。要真正地做到热情待客，既要求主人感情热烈，对客人的关怀、照顾无微不至，又要求主人的所作所为合乎礼仪、讲究形式，力求形式与内容相统一。在下述三个方面，尤其需要主人有所表现。

1. 一心一意　在拜访进行期间，主人对待客人必须自始至终、始终如一地表现出一心一意。对主人而言，客人就是主人的"上帝"，待客就是主人的"工作重心"。因此，在接待客人时，一定要真正做到时时、处处、事事以客人为中心，尽心尽力地对其关照有加。切切不可在接待过程中显得三心二意，用心不专。那样一来，必然会顾此失彼，因小失大，冷落客人，甚至令对方产生不满。主人在面对客人的时候，如果爱答不理、闭目养神、大打哈欠、看书看报、听广播、看电视、忙于处理家务、打起电话没个完、与家人聊天，甚至抛下客人扬长而去，只能说明自己轻视或者不欢迎对方，而且在待客礼仪方面也表现得不及格。

2. 热情真诚　子曰："有朋自远方来，不亦乐乎！"在待客之际，教师有必要热情饱满，并且对宾主双方的所言、所行表现出极大的兴趣。交谈，不仅是宾主相见之际的基本交际方式，而且也是主人借以表现自己对来宾的谈吐、见识充满兴致与敬佩的主要途径。在宾主进行交谈之时，主人不仅要准确无误地表达和接受信息，而且还要扮演一个称职的"主持人"和最佳的听众。无论如何，主人都不宜使宾主之间的交谈冷场，或是对客人的谈吐明显地表现出毫无兴致。作为"主持人"时，教师有义务为宾主之间的交谈引起话题、寻找话题，而不使大家相对静坐，无话可说。万一客人之间的交谈不甚融洽时，主人还需出面转移话题。作为听众时，教师则需要在客人讲话时洗耳恭听，并对此抱有浓厚的兴趣。有时，还可主动向客人讨教，以引发对方的话题。这些做法，均可令对方谈兴骤增。

3. 主次分明　是主人待客不可忽略的重要注意事项之一。具体而言，其要求有二。

（1）主人的私人事务一般均应从属于来宾接待这一中心任务。在任何情况下，都不允许主人将私人事务的处理凌驾于来宾的接待之上，尤其是不允许当着来宾的面堂而皇之地那么做。

（2）主人在待客之时应当将此时此刻正在接待的客人视为自己最重要的客人。它的主要含义是：主人既要接待后到的客人，又不能"喜新厌旧"，转而冷落甚至抛弃当前正在接待的客人。万一主人在待客时客人有先来后到之分，则可以合并在一起进行接待，或是先请他人代为接待一下后来之人，自己打过招呼即应回来。即便先来与后到的客人在身份、地位上有所差别，待客时主人所必须讲究的"先来后到"也不容改变。当然，有可能的话，最好还是不要安排多批重要的客人同时到场为妙。


## 第四节　教师的集会礼节

在各种形式的社交性聚会之中，集会是最为正规的一种，而且也是人们平日接触最多的一种。所谓集会，通常指的是人们集合在一起，有议题、有组织、有步骤、有领导地研究、讨论、商议有关问题。有时，集会亦称会议。在现代社会里，集会往往是教师参与社会活动的主要方式之一。尽管教师在其日常生活里会出席各式各样的集会，例如，办公会、务虚会、洽谈会、座谈会、发布会、庆祝会、纪念会、展览会等，但是它们都不例外地具有以下四个方面的共同性特征。

首先，集会是有议题的。集会的议题即为其主题。开会的目的，就是要围绕议题各抒己见、集思广益，以求统一思想、解决难题。因此，集会是不能没有主题的。其次，集会是有步骤的。集会的步骤，指的是它的内容与程序的具体安排。它既有约定俗成之规可循，又需要有一定的区别。要取得一次集会的成功，主办方必须安排好其具体的步骤，使之在召开时进行得井然有序。再次，集会是有组织的。一人独处，难称其为集会。多人相聚议事，才能算作开会。

要妥善地使多人在一起集会，就必须有组织地进行安排、协调，并且为集会的召集与进行处理好必要的日常性、事务性问题。最后，集会是有领导的。但凡正式的集会，皆须由专人负责、专人主持。即使集会的一般性组织、准备工作，如果没有专人负责具体操作，往往也是做不好的。就规范而言，集会礼节内容包罗万象，对集会的方方面面均有涉及。以下将分别介绍集会的核心人物——主持者、发言者和聆听者在集会中所应恪守的个人行为规范。

## 一、主持集会

一般而言，凡属较为正式的集会，均应指定专人负责主持。主持者，是集会的现场"总指挥"。在集会上，主持者主要有落实议程、控制时间、掌握会场三项工作。处理这三项工作是否得力，通常是检验集会主持者是否称职的最佳标尺。

（一）落实议程

所谓议程，一般是对集会具体程序的简称。它所指的是，一次集会在具体进行时的各项基本内容及其所应遵循的、既定的先后顺序。凡是较为正规的集会，其议程大都在事先进行过认真的讨论和拟定。作为集会的现场指挥者和现场的掌握者，主持者有必要尽心竭力地使集会的各项议程得以认真落实。要做到这一点，主持者有必要以高度的责任心具体做好以下两件事情。熟悉议程要使一次集会的全部议程得以落实，首先就要求主持者必须真正熟悉议程。

俗语说"熟能生巧"，只有熟悉了集会的各项议程，主持者才能在集会进行时熟练地驾驭集会，并且沉着妥善地应付一切难以想象的突发性问题。一般而论，大凡一次较为正式的大型集会，其议程大都约定俗成，只不过不同类型的各种集会之间有一些细微的差别而已。

通常来讲，一次正式集会的主要议程，大体上包括下列五项：

1. 由主持者宣布正式开会　必要时，与会者须全体起立，奏国歌或者会歌。随后，亦可演奏或演唱会歌、校歌等。在此之前，主持者应暗示与会者就座，并相机将就座于主席台上的要人依次介绍给大家。

2. 由专人做主旨报告　其主要内容与集会的议题直接相关。此项内容，往往是集会之核心点。

3. 由全体与会者讨论主旨　报告讨论的具体方式，可以是分级进行讨论，也可以是进行大会发言、讨论。二者亦可综合运用。

4. 全体与会者达成共识　对于全体与会者在讨论主旨报告之后所达成的共识以及所提出的问题，可由专人在会上进行总结性发言，亦可就此通过相应的集会决议。

5. 由主持者宣布集会结束　会议结束时，应由主持者宣布集会结束。在集会上具体落实议程时，其基本框架通常不容予以变动。但在具体环节问题上，却允许随机进行调整。能否做好这一点，就需要凭借主持者个人的经验和应变能力。

在一般情况下，集会的主持者作为一名具体的工作人员，往往无权变更集会的正式议程，尤其是无权变更其中的主要议程。不论遇到什么特殊情况，主持者在主持会议时都必须想方设法履行自己的职责，以确保集会按照既定方针进行，努力兑现各项议程，以完成预期的任务。

需要强调的是，执行集会既定的议程，乃是主持者不可推卸的职责。在集会上，未经集会主席团或者其召集、组织者授权，主持者无权对集会的议程进行全面的调整，或是对其自行增减。倘若遇到了特殊的情况，比如，发言者缺席、发言时间不够用、听众意见较大，等等，而主持者认为确有必要对议程进行必要的临时调整时，最好首先征求一下集会主席团或主要负责人的意见，不到万不得已，不要自作主张。

（二）控制时间

在现实生活里，一次集会的成功与否，往往与它何时举行、举行多久关系甚大。这些关键问题，主要应当由集会的主席团或者其召集、组织者进行认真考虑。对主持者而言，在控制集会时间方面所要做的主要工作，就是要对规定的集会时间具体加以控制。主持者在集会上控制时间，具体应当在以下三个不同的方面得以体现。

1. 严守起止时间　任何一次正式集会，都有其公开宣布的起止时间。在集会的时间方面，起止时间是最为重要的一点。不注意此点，就会使集会无始无终，至少也会影响会议的效果。集会的起止时间不但要事先予以确定，而且一经确定，全体与会者，特别是集会工作人员即应遵守。

任何人，不论他是什么身份，若是对集会时间不予以重视，就等于表明他不重视这次集会，并且不尊重其他的与会者。在集会进行期间，严守集会的起止时间，是主持者所必须认真重视的一桩"例行公事"。因此，主持者必须明白应当在什么时间宣布开会、应当在什么时间宣布散会。时间上最好分秒不差。此种做法，将有助于提高集会的正规性和严肃性。没有非常重要的特殊情况，主持者万万不宜随便改动或拖延开会与散会时间。

2. 限制发言时间　在正式集会上，不仅要认真遵守集会的起止时间，而且对现场发言的具体时间也要有明确的限制。从一定意义上讲，限制发言时间是防止集会拖延时间的良方之一。在一般情况下，有关方面在具体拟定集会议程时，即应对每一位发言者的发言时间做出明确的规定，并且提前通知本人。

主持者在主持集会时，需要做好两件事情，第一，在发言者发言之前最好再次关照一下其限定的时间长度。第二，采用适当的技术性手段，例如，悬挂计时器或者铃响提示等，在现场对发言者做出暗示。

需要强调的是，主持者在集会上对发言者的发言时间做出必要的限制时，切不可手法粗暴，态度恶劣。尽量不要当众口头打断他人的发言，强迫对方收场，更不要为此而大喊大叫，令与会者人人皆知，令发言者难于下台。

3. 留有休息时间　倘若集会打算举行较长时间，一般应当由主持者在会议期间安排一定长度的休息时间，以供与会者稍事休息，活动手脚，处理私事，或是进行"方便"。从原则上讲，集会贵在短。因此，大体上，一次集会最好控制在 3 小时之内，并以 2 小时左右为佳。凡举行集会的时间长于 1. 5 小时，即应在其问安排一次长约 1 刻钟的休息。如果集会事先未确定总体上的时间长度，而且时间已经过了 2 小时，并且尚未告终，则主持者也应主动建议进行一次必要的会间休息。宣布进行会间休息前，主持者须当众明确休息时间的具体长度，以便与会者能够准时返回会场。若集会打算进行一整天，或者连续多次举行，则除了规定必要的会间休息时间之外，往往还需要安排专门的正式的午间休息与休会。

## 二、会间发言

在各种集会上，正式上台演讲、报告、发言、讲话的人，可以被统称为发言者。在任何情况下，发言者无疑是集会的中心人物和主角。在集会上，欲成为一名称职的、受人尊敬和受人欢迎的发言者，就必须在仪表整洁、态度谦恭、内容周全等几个方面倍加注意。

（一）仪表整洁

教师在其出场发言之初，其个人的仪表整洁与否，往往会给现场的广大听众留下十分深刻的印象，甚至会直接关系到发言者是否会受到欢迎。因此，在出席集会之前，发言者一定要抽出必要的时间，对其个人仪表进行修饰和检查。

在修饰仪表时，发言者务必整理一下自己的仪容。其着重点一般应为发型与面部。总而言之，发言者的发型应当端庄、大方，面部则要力求干净、整洁。通常，男教师应当剃去胡须，女教师则应当尽量不染彩色头发。不论男女，都应当把自己的头发梳理整齐。发言者在集会上出场亮相时不修边幅、蓬头垢面、异味扑鼻、邋邋遢遢，都是不合适的。讲究着装如果打算在集会上进行发言，尤其是进行重点发言，就要在衣着上做到"有备而来"。

具体而言，在着装方面有两点要求发言者应特别注意。

1. 发言者的着装风格应当庄重　着装不能随心所欲，尤其是不允许发言者穿过分怪异、性感、散漫或不洁的服装登台发言。

2. 发言者的着装应当规范严整　对于能穿什么、不能穿什么，发言者不仅要一清二楚，而且还必须懂得应该怎么穿、不应该怎么穿。比方说，发言者在发言时不允许穿着风衣，披着外衣，"袒露胸怀"，挽起袖口、裤管，或者戴着帽子、手套、墨镜。

对于发言者而言，适当地进行妆饰虽然必要，但仍须以庄重、保守为度。对于这一要求，女性发言者尤须重视这一点。与参加宴会、舞会、晚会等交际活动不同，参加集会多属公务活动，因此在妆饰上切勿过分地抢眼、招摇。否则，发言就有可能异化为"表演"。具体来讲，发言者的妆容宜淡雅而清新，切忌给人以浮华或轻佻之感。如果打算佩戴首饰时，既要令其与本人的实际身份相符合，又要使之少而精。

（二）态度谦恭

调查证明，对于普通听众而言，发言者发言时的现场态度，往往比其发言的具体内容更受重视。有鉴于此，发言者无论在什么情况下，都要对自己发言时的态度妥善地进行调整。从总体上讲，发言者的态度应当自谦与敬人。具体而言，是要注意以下四个方面的问题。

1. 自谦自重　见多识广的发言者一定明白，自己在发言时所提出的见解能否为听众所接受，自己能不能在集会上得到应有的尊重，关键在于自己临场发挥的水平，而不在于自吹自擂。谈到发言者的临场发挥，一个重要的不变的要求是发言者应自谦自重。在发言时，一定要少用"我"字，慎提"本人"，尤其是要力戒自我推销、自我宣传和过分的自我肯定。若是把发言的重点放在其他方面，通常会比"我"字当头收效要好得多。与此同时，还要收敛自己的态度，切勿嚣张狂妄、得意忘形。

2. 尊重听众　在发言的整个过程中，发言的教师都不能失敬于听众，而是自始至终都要对对方重视有加。在上台发言之初，发言者循例要向主持者与其他听众欠身致意，并进行问候。在发言之中涉及听众时，要采用尊称与敬语，不能使用任何对听众不尊重的语言、动作或表情。发言结束时，要先道一声"谢谢大家"，并在欠身施礼后才可以退场。这些尊重听众的重要礼规通常必不可少。

3. 宽待对手　有时，在同一次集会的发言者之间，难免见解各异，甚至相去甚远。极个别的时候，在集会上还会出现发言者各执一词、针锋相对的情况。当他人在集会上的观点与自己的发言相左时，一定要善于求同存异，以理服人；另一方面则要发言对事不对人，切勿为了捍卫个人的某些无关紧要的观点，而对其他持异议者毫不相让，甚至为此而大肆争吵，打断他人的发言，或进行人身攻击。其实，在绝大多数听众看来，能够宽待对手的发言者才最值得尊敬，才最具做人的风度。

4. 适可而止　发言时，教师必须谨记"要言不烦"的原则，要有明确的时间观念，宁短勿长，宁缺毋滥，绝不拖延自己的发言时间。在准备发言时即应具有这一意识。集会若规定了发言限时，则必须严格加以遵守。若没有任何理由，不可以让自己发言的时间延长哪怕是几分钟。若集会对发言时间未作规定，发言时亦应长话短说，切勿让自己的陈词滥调去招人厌烦。在一般情况下，正式发言不宜长于一刻钟，即席发言则应以 5 分钟为限，发言者要对此心中有数。

（三）内容周全

在集会上发言时，发言者不是在表演，而是重在系统地阐明个人对于有关问题的具体见解。因此，发言的具体内容才是听众关注的重点。发言者的个人临场风度不管有多么好，若是发言内容言之无物，照样会给人以华而不实之感，并且不为听众所接受。在准备发言时，发言者要做好下述几点准备，以力保自己的发言内容周全并令人欢迎。

1. 分清对象　在准备发言的内容时，教师首先要对自己的听众有所了解。具体来说，至少要对其思想状况、文化程度、职业特点、心理需求和现场情绪等有一定程度的认识，然后才可以使自己的发言因势利导、中矢中的。否则，就很有可能闭门造车，无的放矢，从而失去听众。

2. 观点鲜明　在集会上，每一位发言者在发言时既要坚持己见，又要防止人云亦云。最重要的是，要做到自己的发言观点明确、中心突出、态度清楚、主张合理。做到了这些，就一定会使自己的发言真正地抓住听众，并且给其留下深刻的印象。应予明确的是，发言者所提出的鲜明观点应当合情合理、言之有据，切勿为了一鸣惊人而故作惊人之语。

3. 材料翔实　掌握一些发言技巧的教师都知道，在集会上所进行的正式发言，不仅要以理服人，而且还需要以例服人。所谓以例服人，是指在发言时善于进行枚举，以充分的具体事实去证明自己的观点的正确，并且使听众心悦诚服。实践证明，发言者倘若举例适时而合理，往往会使自己的发言说服力大增。然而必须注意，选择发言时的论据既要少而精，更要真实无误。若是生编滥造，则是害人害己的。

4. 语言生动　任何人在集会上所进行的发言，都以语言晦涩枯燥为最大的忌讳。发言时语言枯燥，通常会令人感到索然寡味、不厌其烦。而发言时语言晦涩，则又令人感到莫名其妙、故弄玄虚。在任何情况下，简单明了、通俗易懂、生动形象的语言都最受欢迎。因此，在集会上进行正式发言时，每一位发言者所用的语言都应当朴素、具体、幽默、形象、耐人寻味、不失哲理。感情真实应当承认，在集会上进行发言时，发言者固然要争取以自己的真情实感去感染听众、争取听众、打动听众，但是切勿为了达到这一效果而一味片面地煽情。不要低估听众的见识与智商，实际上，在发言时滥用感情、无病呻吟、矫揉造作、逢场作戏、小题大做，根本不会为听众所接受。所以，发言者在发言时的感情抒发必须适度而自然，既要出白内心、发自肺腑，又要有所控制、适可而止。

5. 结构合理　在集会上，一次成功的发言不但要求层次清晰、逻辑缜密，更重要的是，还要求它在能够充分表达个人见解的同时，能够尽快吸引听众的注意力，使其自觉自愿并且聚精会神地洗耳恭听。而要做到这一点，通常要求发言者在发言的整体结构方面进行适当的、合理的安排。一般而言，在发言的具体结构上，应当做到疏密有致、有张有弛，既要抓好发言的开端，令其开门见山，又要抓好发言的收尾，使其首尾呼应。

## 三、聆听讲话

集会上的聆听者，亦即听众。就集会的角色分工而言，听众一般并非主角，但是，如果离开了听众的自觉配合，集会也是很难取得成功的。在许多情况下，集会的参与者通常身兼数职：既是主持者、发言者，又是聆听者。当主持者、发言者需要聆听他人的发言时，都必须力争做一名合格的聆听者。

身为听众的教师在集会上一是要遵守集会纪律，二是要认真倾听发言。对其中任何一方面缺乏重视都是不应该的。

（一）遵守纪律

正式一些的集会，通常都会提前宣布有关的集会纪律，并促请全体与会者自觉遵守。即使有些集会没有对集会纪律的明文规定，事实上它也是在人们的意识中普遍存在的。具体而言，集会纪律一般是指为确保集会的进行而专门制定，并要求全体与会者自觉执行、遵守的有关规则、要求或者条文。不同具体类型集会的会议纪律往往会小有差别，但是从总体上看，它们却大都具有以下三方面的共同之处。

1. 准时到会　严格地遵守集会的时间，是保证集会顺利进行的基本条件之一。要确保这一条得到贯彻落实，不但要依靠集会主持者、组织者的积极努力和得力的措施，同时也要依靠全体与会人员的自觉和认真。接到集会通知后，若准备出席，则应当按照通知所规定的具体时间，准时抵达会场。参加在本地举行的集会，一般应提前 5 分钟以上进入会场，以便有一定的时间进行个人必要的会前准备。例如，签名报到、会合他人、寻找座位、领取材料，等等。参加在外地举行的集会，则最好提前 1 天报到，以便事先熟悉情况，并且做好一切必要的准备。自己一旦答应参加某一次集会，就不应当无故迟到或者缺席不到。即使本人位高权重，也绝不宜如此。万一自己有特殊原因不能出席原定将要出席的集会，则一定要提早请假为宜。

2. 保持肃静　在集会正式进行期间，全体与会者都有义务自觉地保持肃静，以维护会场秩序，不至于影响发言者的讲话与听众的倾听。当发言者或主持者在集会上讲话时，不允许任何听众有意起哄，或是直接制造对其有碍的噪音。例如，听众们在集会进行期间，不应在会场上使用手机，不应收听录放机和 MP3，不应把玩电子游戏机，不应吃东西、喝饮料，等等。当听众与主持者、发言者或者集会的组织者的意见相左时，可以通过适当的渠道进行合理的表达。但是，不应当在对方发言时予以打断，或是大声予以斥责、议论，狂吹口哨，拍打桌椅，跺脚乱踢，等等。在集会上鼓掌，主要是为了对发言者表示欢迎和支持。因此，听众不可以当自己心怀不满时对发言者"鼓倒掌"，令其难以下台。在整个开会过程里，包括听众在内的任何人都不应当随意走动，或者主动与周围之人交头接耳。在一般情况下，带孩子参加集会是不允许的。

3. 不得逃会　一旦参加集会，就要自觉地坚持到结束，而不宜巧借任何借口在集会举行期间半路脱逃。否则，既说明自己对集会或者集会的组织者心怀不满，又说明自己缺乏做人的基本涵养。万一有个别听众在集会举行途中确有特殊原因需要中途离去，一定要在离开之前向有关方面的负责人正式请假。必要时，还须亲自向集会的主持者说明原因，求得其谅解，并为此而道歉。无论如何，都不应当在参加集会时"半途而废"，不辞而别。即便他人的发言不甚悦耳，或者对自己抱有明显的敌意，也不妨冷静对待，愿闻其详。与拍案而起、挺身而斗或者拂袖而去的种种过激做法相比，它们之间在策略与风度上孰优孰劣自不待言。

（二）专心倾听

对集会上的每一位听众而言，在集会具体进行的整个过程中认真倾听他人的发言，都是对集会、集会的组织者与发言者所表现出来的应有的尊重，同时也是自己掌握集会精神的主要途径和自身修养的真实写照。一般而论，要真正做好这一点，需要注意以下三点事项。

1. 有备而来　在参加较为正式的集会之前，每一位以听众为身份的与会者都应当进行必要的准备。下列四种准备工作，教师通常都必须认真地着手进行。

（1）充分休息：这样做主要是为了养精蓄锐，否则在集会时疲劳困乏，大打瞌睡，必定影响听讲。

（2）自理好其他工作：免得自己在开会时神不守舍，三心二意，用心不专。

（3）预备好必要的辅助工具：如纸、笔、录音机等等，皆可有所帮助。

（4）认真阅读集会下发的材料：这是与会的教师掌握集会主旨、全面了解集会情况的必要步骤。

2. 聚精会神　在集会正式举行期间，每一名听众都要聚精会神地聆听他人的讲话、发言，并且始终如一。在参加集会时，教师唯有聚精会神，全神贯注，方能汲取他人发言的精华，抓住其要点。正因为如此，任何有心的听众在聆听他人的发言、讲话时，都不应该在主观上放任自己，使自己心神不定，"身在曹营心在汉"。

倘若聆听者兼具发言者的身份，则在本人发言之后转而充当听众时，更要专心致志地倾听他人的发言，而切切不可在这方面"宽于律己，严以待人"。

3. 进行笔录　我国民间有句家喻户晓的俗语，叫做"好记性不如烂笔头"，它所阐述的其实就是做笔记的重要性。每一个人在参加集会时，如果被允许的话，参加集会时就要尽可能地对他人的讲话、发言择其要点进行笔录。它对于会后深入体会和准确传达、贯彻、执行集会精神都将会帮助极大。在会上进行记录，可根据本人的条件与集会的规定，酌情采用笔记速记或者录音的方式。假定三者并用，也未尝不可。如果会议不允许记录，一定要遵守此项规定。参加一些重要的集会时，如果打算录像、录音、摄影，最好事先征得集会组织者的同意。在绝大多数的正式集会上，通常不允许擅自录像、录音、摄影。按照常规，集会上所进行的记录，尤其是重要集会的记录，切勿自行广为扩散，或者公开进行发表。

## 第五节　教师的宴会礼仪

宴会，比较严格地说，是一种正式而且隆重的宾主在一起用餐的集会。根据礼仪规范，宴会应被视为一种高层次的社交活动形式。换言之，出席宴会，对于任何人来讲，都是"非专为饮食，为行礼也"。在日常交往中，人们经常会以宴会的形式款待客人，教师也经常会有机会应邀赴宴。不论是去吃中餐，还是去吃西餐，不论宴会的具体形式是庄严隆重，还是轻松随意，教师届时都应当牢记：自己是置身于一种交际应酬的场合，而不是在自己的家中与家人一道用餐。

出门在外，前去出席正式宴会时，教师尤须切记此点。在宴会上勿忘交际，勿忘遵守礼仪，严于律己，才是教师所应取的正确态度。考虑到目前我国教师的实际情况，在此主要介绍餐前的表现、席间的禁忌、工作餐礼仪和自助餐礼仪。

## 一、餐前的表现

所谓餐前的表现，泛指赴宴者在接到邀请后，直至用餐前，一切与宴会相关的所作所为。注意自己餐前的一切表现，努力使之文明礼貌、大方得体，是对参加宴会的教师的基本要求。下述各点，教师则务必注意。

（一）应邀赴宴

依照惯例，正式的宴会应以请柬邀约客人。在一般情况下，请柬至少应当提前 10 天以上到达客人之手，以便对方提前进行安排。如果宴会是专门为某些特定对象而举行的，例如：洗尘宴会、庆贺宴会、生日宴会、饯行宴会等等，则主人在确定宴会的具体时间、地点与邀请对象时，需要与对方进行友好协商，并且在原则上应当"主随客便"。

假如不征求对方意见，便自作主张地先把请柬寄给了对方的"对头"，即便想要充当双方之间的"和事佬"，也不会有谁领情。接到邀请自己赴宴的请柬后，通常不论能否出席，都应当尽快决定下来，并尽量早一些向主人通报。在正式的宴会上，主人需要为全体出席者排定桌次与位次。若是届时有人临时缺席，使座位空置、酒菜浪费，对主人是极不尊重的。一旦通知主人决定赴宴，此后就不宜再作变动。反复更改，或是告之以"定不下来，到时候再说"，都是不礼貌的。

同一切正式约会一样，告诉主人自己决定赴宴，到时候又炮制各种借口缺席，会让主人十分寒心。绝对不要再说什么"临时有重要的事情要办"，出席宴会，会见主人，谁能说不是一件重要的事情呢？要是再讲自己还有更"重要的事情"，等于告知主人，他的盛情邀请不够重要。假如真的不能如约赴宴，务必早点告诉主人，并为此诚心诚意地道歉。如果临时不能出席的话，亦须尽快告诉主人。事后，还应当登门向主人亲口道歉。主人在邀请客人出席宴会时，如果在请柬上或口头上通知有什么要求，诸如是否携带配偶、要不要穿礼服、应当何时到场等等，务必遵守。规模盛大的宴会，尤其是西餐宴会，往往约请客人夫妇一同参加。

假定一方的配偶不在本地，或是尚未成婚，应提前告知主人。如有必要的应酬，请自己的子女、兄妹或助理一同出席宴会是可以的，但是需要提前征得主人的同意。比较正式的宴会，特别是举行于晚间的盛大宴会，对出席者的服饰大都有所规定。如果要求赴宴者穿礼服，通常男教师应着黑色或其他深色的西装、唐装或中山装套装，女教师则可穿素色的旗袍或者其他应时、应景的高雅、端庄的裙式服装。尽管这么穿与国际上公认的礼服式样还有一定的不同，但从我国的国情出发，此也不为过。

在普通的宴会上，对着装可能没有明确的规定。即便如此，赴宴者也不可对维护自我形象一事掉以轻心，赴宴时的着装不要过于随便。穿着 T 恤配牛仔裤、跨栏背心配西式短裤、宽松式上衣配健美裤等等，风格散漫、休闲的着装都是不合时宜的。在请柬上，对于举行宴会的具体地点与时间多有明确的通知。若发现无此项内容，需要打电话事先了解一下。

（二）抵达现场

一般都认为：宴会出席者抵达宴会现场的时间早晚，是与对主人和其他出席者的尊重与否密不可分的。从总体上讲，出席宴会不宜晚到，也不宜早到。晚到会让人久等，早到会令主人因准备未妥而措手不及、手忙脚乱。具体而言，出席宴会的主宾应正点到场，稍晚一点的话，至多也不要超过 5 分钟。其他的宴会出席者，如出席宴会作陪者等，按照礼仪规范不应当晚于主宾到场。

通常，这些人应提前一两分钟或正点入场。教师应邀赴宴时，不一定非要给主人带去礼品。如果出席规模盛大、人数众多的宴会，更没有必要这样做。要是参加亲友举办的小型宴会，如家宴、生日宴会，则可以为主人预备上一份小礼品。此时此刻，既拿得出手，又让主人开心笑纳的礼品，当首推鲜花。除此之外，带上一瓶好一些的酒，也会大受欢迎。只是应当强调，即使是空手前往，也不要携带糖果、点心、水果、饮料、罐头、自己家中用不完的物品，或是亲手所烧的一两道菜肴，去充当赴宴的礼品。

到达宴会现场后，通常需要首先前往专设的衣帽间去存一下自己的外套、帽子与皮包。在衣帽间脱下外套时，男士有义务协助自己的配偶或其他与自己一起入场的女士。有时，当贵宾脱外套时，男主人还会亲自动手予以协助。碰上这种情况，被协助者应表现得落落大方，同时还应向协助者表示感谢。走出衣帽间后，宴会的出席者按照惯例应当主动问候主人，并感激对方的邀请。如果男女主人同时在场，不要忘却"女士优先"，即应当先问候女主人，后问候男主人。若主人当时正与主宾寒暄，或忙得焦头烂额，则对其的问候与感谢可以向后推迟。

主人或接待人员没有邀请或引导来宾入席时，切勿擅自提前闯入宴会厅。可以在宴会厅门外不远处静候，在主人的指定之处集合，或是在休息厅内稍事休息。当主人邀请大家入席时，不可争先恐后，一拥而上。依照宴会礼仪，首先入席的，应当是主人夫妇与主宾夫妇。在此之后，其他人方可按照由尊而卑的先后顺序井然有序地依次入席。

（三）依次就座

不论西式宴会还是中式宴会，桌次与位次的排列摆放都非常讲究。通常，在每张餐桌上，居中都摆放着桌次牌。在每个人的座次前方，也有写着姓名的位次牌。这些大都会在请柬上注明。入席的时候，一定要"客随主便"。不要到处乱坐，不要随便提议与他人换桌或换座，更不要在这个问题上"挑肥拣瘦"，小题大做，以"挑礼"为形式向主人"发难"。

教师在宴会上入座时，应从自己行进方向的左侧就座。拉动座椅时，应同时使用双手，轻挪轻放。不要一手拎起或举起座椅，让周围的人担惊受怕，也不要把桌椅搞得响声大作。与他人一同就座时，应先请同桌的女士、长者、职位高者或嘉宾落座。必要的时候，还须主动协助他们拉出座椅，坐在座位上。

坐下时，椅面不要距离餐桌过近或过远。一般认为，二者之间有20厘米左右的间隔最好。坐姿要端庄而稳重，不要仰在椅背上"歇息"，双手托腮左顾右盼，双臂支在餐桌上"研究"饭菜，双腿在餐桌下面动来动去，或是双脚到处乱踩、乱蹬。另外，在进餐之前，勿动餐桌上的一切器具，也不要猜测或向周围之人"咨询"："今天吃什么？"如果有衣帽间，就千万不要将自己的大衣、帽子、皮包带入宴会厅。如果没有衣帽间，也不能将自己带入宴会厅的东西乱放。不能把它们放在桌上、地上或窗台上。

最好不要带大的提包去赴宴：一则它可能让主人空欢喜一场，因为它可能会让人觉得是为携带礼品才带的；二则它会让人以为自己是为了连吃带拿地"打包"而有备而来。

最后，除了上述餐前礼仪之外，教师在赴宴时还有三个细节要注意。

1. 在用餐期间，不宜随便走动、东游西逛，或是去找熟人打招呼。

2. 在宴会举行的过程中，如无要事不能退席，否则会被当成是向主人表示抗议。需要中途退场，应在离去之前向主人进行解释，并为此而道歉。

3. 在吃饱之后，不要急于退席。只有当主人与主宾离开之后，才可以告退。在退场时，应向主人再表谢意。来不及当面讲，则可在事后电话或写信专门致谢。如果参加的是家宴，餐后至少应停留一刻钟以上，再与主人谈上一会儿。马上就走，等于有意表明自己是专门"为吃而来"的。

## 二、席间的禁忌

由于宴会属于一种高层次的社交应酬，因而教师在宴会上的一切举止谈吐，都应当端庄、文雅、得体。要做到这一点，就需要教师对一些以往不以为然的不良举止，从根本上加以系统的约束。坚持"有所不为"，就不会出现大的闪失。这里，特别规定了席间的30条戒律。

（一）戒用餐时响声大作

在餐桌上吃食物、喝饮料时，一定要入口少，慢慢地享用。这样的话，就不会发出过大的声音。要是吃得忘乎所以，响声大作，自己可能觉得有滋有味，其实却是既不雅观，又影响他人的食欲。

（二）戒剔牙时毫不掩饰

在餐桌上虽然备有牙签，但不一定非用不可。即使要用，也不宜当众"公演"整个过程。咧开嘴，在其中捅来捅去，甚至以筷子或手指替代牙签放入嘴里连抠带扒，都是非常令人作呕的。剔牙之时，应以一只手或餐巾挡在嘴前，作为屏障遮挡。剔出来的东西，应悄悄进行处理，切不可当众"观赏"，甚至再次入口，或是随手一弹。牙签用毕，即应立即取出。不要对其恋恋不舍，长时间将它叼在嘴里。

（三）戒随处乱吐废弃物

在餐桌上，遇到不宜下咽之物时，应以一只手或餐巾掩口，将它轻轻吐在自己面前的食盘上端，待侍者取走。不要把它吐在手上，或以手去口中直接拿取。尤其是不能随口吐在餐桌上进行陈列展示，或是悄然吐在地上。随口吐废物，唾液飞溅，是极其影响他人胃口的。

（四）戒每次入口物过多

用餐时细嚼慢咽，吃相才能好看。一次入口的食物过多，腮帮子鼓胀；眼珠子直瞪，不仅自己难受，也让他人担心。吃食物、喝饮料时，一次不要取得太多，入口时尤其应当适量，应以不妨碍咀嚼、下咽为宜。

（五）戒用餐时满脸开花

在用餐过程中，吃完一口或喝完一口之后，特别是预备与身边的"邻居"寒暄几句时，务必用纸巾或餐巾先揩干净嘴角。要是吃得大汗淋漓，则应随时用餐巾把汗擦干。如果吃得顺口流汤、嘴角带渣、一脸油汗，是很不雅观的。

（六）戒咳嗽、打喷嚏、吐痰

在餐桌上咳嗽、打喷嚏、吐痰，是一种极不自尊、不自爱的表现，不仅不卫生，有可能污染环境、传播病菌，而且有悖于社会公德，有可能破坏人们的食欲，让人极其厌恶。

（七）戒在就餐之时吸烟虽不一定有明文禁止，但是宴会上是不宜吸烟的。在用餐时不吸烟，是对在座的不吸烟者表示尊重，也是为了净化空气，有利健康，使大家能够更好地用餐。

（八）戒用餐时"宽衣解带"

有的人在宴会上吃得开心了，喜欢脱去外衣、松开领带、放松腰带、撸起袖子、敞开领口、挽起裤管、脱下皮鞋，以便减少束缚，通风透气。实际上，这一系列的做法，都有损于自我形象，有一些还会失敬于人。

（九）戒在餐桌上整理发型、补妆

应于餐前或餐后在化妆间、休息厅或洗手间内进行。让这一过程当众曝光，会让人觉得浅薄，而且还会妨碍他人。在补妆时，他人是不便用餐的。当自己整理发型时，倘若发屑飞扬，发丝乱舞，则会让人极度反感。

（一〇）戒口含食物与人交谈

在餐桌上与周围之人交谈时，声音宜小不宜大。此时，不应口含食物，边吃边说。嘴里有东西时说话，难以让人听清楚，而且弄不好还会有其中的一些"残余""突围"出来。原则上，食物进口后不准再吐出来，因此吃东西应当一次一小口。这样，遇到有人找自己说话，就可以迅速将其下咽，再去与人应酬。当然，当别人口含食物时，有教养的人是不该与对方闲谈的。

（一一）戒替人夹菜

在用餐时，爱吃什么、想吃多少，讲究的是大家自己照顾自己。主人只要在口头上对来宾相劝即可，千万不要热情过了头，越俎代庖，也不管对方爱不爱吃、能不能吃光，动不动就下手替别人布菜。这不仅让人勉为其难，而且还会造成餐具使用上的不卫生，实属不当之举。

（一二）戒对他人不断劝酒

在饮酒时，常有个别人口头上对人友好，要求他人"感情深，一口闷；感情浅，抿一点"，其实这样做主要是想拿别人寻开心，想把别人灌醉了，令其出丑。对任何人都不要这样做，尤其是不要几位男士联手，对外方人员或对一位陌生的小姐"群起而攻之"。

（一三）戒饮酒时找人划拳

某些国人有一大嗜好，即在其饮酒之时，要是不找几个人猜拳行令，便觉得喝不下去。在亲朋好友聚餐时这样做，或许还能使人自娱自乐，可是在正式的宴会上饮酒划拳、大吼大叫、起哄争吵，往往会破坏宴会的气氛，所以是不允许的。

（一四）戒下手去取用菜肴

不论吃中餐还是吃西餐，绝大多数菜肴均应用餐具取用。在一般情况下，切不可直接下手"攫取"。遇上有些没见过的菜肴，不知道该当如何去取，不妨耐心等一会儿，先看看别人是怎么操作的，然后"照此办理"。

（一五）戒站起身取菜

在有些大型宴会上，每张餐桌都很大，菜也很多。想吃自己够不到的菜时，可以请侍者或周围的人帮一下忙，对他们只要道一声谢就可以了。千万不要起身超越"万水千山"去夹菜，更不要离开自己的座位，直接走过去取用。

（一六）戒对食物挑三拣四

取用公用的餐盘内盛放的食物之前，一定先要看准目标，然后"一次到位"，又快又准地把它取过来。不论取什么东西，只要自己的餐具夹住了，就不准再放回去。在公用的餐盘里，对食物切不可翻来翻去，挑肥拣瘦，反复"推敲"。自己已经碰过的食物。

（一七）戒令餐具铿锵作响

在使用餐具时，应当小心谨慎，轻拿轻放，不要使其彼此之间无故"交战"，或是在接触碗、盘、碟时叮当乱响。在吃西餐使用刀叉切菜时，两肘应夹在腰部两侧，以控制动作的大小。若动作幅度过大不只会影响身边的人，还会制造难听的噪音。

（一八）戒以餐具指点他人

在与人交谈时，非但不宜吃东西，而且手中的餐具同时也应当放下来。准确地讲，是应当先放在自己面前的食盘上。筷子应当并排竖放，勺子应当平躺，刀叉则应当呈"八"字形摆放。不要把它们摆在公用的菜盘上，或是让它们"立正"于自己的碗、盘之中。切勿一面与人高谈阔论，一面用餐具"指点江山"，挥来舞去。用餐具直接指交谈对象则更不准许。

（一九）戒乱用、滥用餐具

各种各样的餐具都有各自独特的使用方法。在宴会上使用它们时，应当遵守成规。例如：使用筷子是为了夹取食物，而不可以挑起食物；勺子只宜取用汤或流质食物，不宜用其舀菜；使用刀叉，讲究左叉右刀，以叉按住食物后，再以刀将其自左而右地切割成小块；单独用叉子时，则需用右手拿着它等等。如果用筷子吃西餐，用刀子取食豌豆，必定会贻笑大方。

（二〇）戒"品味"餐具

在宴会上，餐具只能用以取用食物。它们本身无滋无味，所以切勿当众将其抿来抿去，连舔带咬，或是长时间地含在嘴里。这类做法，不但令人作呕，也是很不卫生的。

（二一）戒与人抢菜

在取用食物时，不要没先没后、不讲顺序、与人争抢。在他人尚未取好之前，不要"眼到手到"，逼对方"浅尝辄止"。如果与他人"一同到场"，应退让一步，示意对方先取。要切记，在取菜时，尽量不要抢菜。

（二二）戒端着碗、盘

用餐宴会上用餐时，应当正襟危坐，以筷子、刀叉或勺子将食物送人口中，端起碗、盘吃饭和喝汤的做法是不允许的。除此之外，也不宜低下头去，趴在餐桌上去俯就食物。

（二三）戒捡食掉出的食物

出于卫生方面的考虑，掉到桌上、椅子上、衣服上或地面上的任何食物，都不可捡起来再吃。这不是讲节约的时候，更不能提倡"不干不净，吃了没病"。另外，掉到餐桌上、椅子上或地面上的餐具亦不得捡起来再用。坐在自己两侧或对面的，或许是一位异性。因此，当自己低下头，去桌子下面拾东西时，很可能让对方"担惊受怕"。如果还需要用餐具，叫侍者换一副上来就可以了。

（二四）戒边走边吃喝

除非是参加准许边吃边走的酒会或冷餐会，在按固定的位次就座时，是不许一边大吃大喝，一边走来走去的。

（二五）戒乱吹、乱搅汤或饮料

在餐桌上，有时会为用餐者提供热汤、热菜、热咖啡。如果嫌其太烫，可稍等片刻，或用勺子搅动一下。万万不可用口去吹，用勺子乱搅，或是用两个碗、两只杯子折来折去。除了喝汤应以勺子舀食外，茶或咖啡是不准用勺子舀起来咂摸滋味的。

（二六）戒双手乱动、乱放

在餐桌旁坐定之后，最好"安分守己"地把双手放在餐桌边缘，或者放在大腿上。切不可将其支在餐桌上、端在胸前、抱在脑后、插在口袋里，或是随意扶在他人所坐的椅背上。那样做，不仅不礼貌，而且不雅观。尤其值得注意的是，在正式场合与他人一同用餐时，千万不要对他人或饭菜指点不已，不要掩口而笑或与人低语，也不要用手搔痒痒、摸鼻子、抓耳朵、搓泥巴，或者在餐桌底下动来动去。在用餐时，以手玩弄餐具，也是不应该的。

（二七）戒别人致祝酒词时迫不及待

当宾主在宴会开始之初先后致祝酒词时，应目视发言者，聆听其讲话，在这时与旁人聊天、闭目养神、埋头干自己的事等等心不在焉的做法，都会失敬于人。只有在宾主致完祝酒词、宣布开宴后，才可开始进餐。

（二八）戒在用餐期间不搭理任何人

宴会既然是一种社交形式，那么赴宴者在有必要与他人进行交流时，就不应该一言不发，好像自己只是为吃而来，除了吃喝，对其他一切都不关心，麻木不仁。在许多宴会上，主人往往把身份、地位相似的人安排坐在一起。有时，还有意将不相识者组织在一块儿，以便大家相互结识。对于这个好机会，主动放弃是太可惜了。在适当的时候，不妨主动找人攀谈几句。有人找自己攀谈时，亦应予以友好合作。当他人对自己表示友好，如敬酒时，应起身示敬。不过在宴会上话也不可太多太滥，喋喋不休。尤其是在谈话对象的选择上，不宜一味地"钟情"于异性，而"目无"同性。

（二九）戒大谈令人"浮想联翩"的事物

在用餐时，所谈论的内容应当愉快、健康、有趣。让人难以接受的内容，尤其是倒人胃口的内容，绝对不要提及。例如，不要谈论死亡、疾病、凶杀、令人厌恶的动物或在感官上让人恶心的东西。想去洗手间的话，切勿公然告之众人，也不要约人同去。确实需要告诉周围之人时，不妨说："出去有点事情"，或是"去打一个电话"。

（三〇）戒非议席上的饭菜

俗话说："萝卜白菜，各有所好。"在任何宴会上，都难免众口难调。遇上自己不喜欢的菜肴，不用即可，千万不要告诉主人。当主人征求意见时，应当对饭菜好话多讲，不足莫提。对饭菜"品头论足"，喟叹其"今不如昔"，甚至说饭菜做得不及某处，都会使主人难堪。

## 三、自助餐

自助餐，有时亦称冷餐会。它是目前国际上所通行的一种非正式的西式宴会，在大型活动中尤为多见。它的具体做法是，不预备正餐，而由就餐者在用餐时自行选择食物、饮料，然后或立或坐，自由地与他人在一起或是独自一人用餐。自助餐之所以称为自助餐，主要是因其可以在用餐时调动用餐者的主观能动性，而由其自己动手，自己帮助自己，自己在既定的范围之内安排选用菜肴。至于它又被叫做冷餐会，则主要是因为提供的食物以冷食为主。当然，适量地提供一些热菜，或者提供一些半成品而由用餐者自己进行再加工，也是允许的。自助餐礼仪，泛指人们安排或享用自助餐时所需要遵守的基本礼仪规范。具体来讲，自助餐礼仪又分为安排自助餐的礼仪与享用自助餐的礼仪两个主要的部分。

（一）自助餐的安排

安排自助餐的礼仪，指的是自助餐的主办者在筹办自助餐时的规范性做法。一般而言，它又包括就餐的时间、就餐的地点、食物的准备、客人的招待四方面的问题。就餐的时间在人际交往之中，依照惯例，自助餐大都作为其附属的环节之一被安排在各种正式活动之后，而极少独立出来单独成为一项活动。也就是说，自助餐往往是招待来宾的项目之一，而不宜以此作为一种正式的社交活动的形式。

因为自助餐多在正式的社交活动之后举行，故而举行的具体时间要受到正式的社交活动的限制。不过，它很少被安排在晚间举行，而且每次用餐的时间不宜超过一个小时。根据惯例，自助餐的用餐时间不必进行正式的限定。只要主人宣布用餐开始，大家即可动手就餐。在整个用餐期间，用餐者可以随到随吃，大可不必非要在主人宣布用餐开始之前到场恭候。在用自助餐时，也不像正式的宴会那样，必须统一退场。用餐者只要自己觉得吃好了，在与主人打过招呼之后，随时都可以离去。通常，自助餐是无人出面正式宣告其结束的。

一般来讲，主办单位假如预备以自助餐招待来宾，最好事先以适当的方式对其进行通报。同时，必须注意一视同仁，即不要安排一部分来宾用自助餐，而安排另外一部分来宾去参加正式的宴请。

就餐的地点：选择自助餐的就餐地点，大可不必如同宴会那般较真。重要的是要既能容纳下全部就餐人员，又能为其提供足够的交际空间。正常的情况下，自助餐安排在室内外进行皆可。大多选择在主办单位所拥有的大型餐厅、露天花园之内进行。有时，亦可外租、外借与此相类似的场地。

在选择、布置自助餐的就餐地点时，有下列三点事项应予注意：

1. 提供一定的活动空间　除了摆放菜肴的区域之外，在自助餐的就餐地点还应分出一块明显的用餐区域。这一区域，不要显得过于狭小。考虑到实际就餐的人数往往具有一定的弹性，实际就餐的人数难以确定，所以用餐区域的面积宁肯做得大一些。

2. 提供数量足够的桌椅　尽管真正的自助餐所提倡的是就餐者自由走动，立而不坐，但是在实际上，仍有不少的就餐者，尤其是其中的年老体弱者，还是期望在其就餐期间能有一个暂时的歇脚之处。因此，在就餐地点应当预先摆放好一定数量的桌椅，供就餐者自由使用。在室外就餐时，提供适量的遮阳伞往往也是必要的。

3. 就餐地点　环境宜人在选定就餐地点时，不只要注意面积、费用问题，还须兼顾安全、卫生、温湿度诸问题。要是用餐期间就餐者感到异味扑鼻、过冷过热、空气不畅，或者过于拥挤，显然都会影响到对方对此次自助餐的整体评价。

食物的准备在自助餐上为就餐者所提供的食物，既要有共性，又要有个性。它们的共性在于：为了便于就餐，以提供冷食为主；为了满足就餐者的不同口味，应当尽可能地使食物在品种上丰富而多采；为了方便就餐者进行选择，同一类型的食物应被集中在一处摆放。它们的个性则在于：在不同的时间或是款待不同的客人时，食物可在具体品种上有所侧重。有时以冷菜为主，有时以甜品为主，有时以茶点为主，有时还可以酒水为主。

除此之外，还可酌情安排一些时令菜肴或特色菜肴。

招待好客人，是自助餐主办者的责任和义务。要做到这一点，必须特别注意下列环节：

（1）照顾好主宾　不论在任何情况下，主宾都是主人照顾的重点。在自助餐上，也不例外。主人在自助餐上对主宾所提供的照顾，主要表现在陪同其就餐、与其进行适当的交谈、为其引见其他客人，等等。只是应当给主宾留下一点供其自由活动的时间，不要始终伴随其左右。

（2）充当引见者　作为一种社交活动的具体形式，自助餐自然要求其参加者主动进行适度的交际。在自助餐进行期间，主人一定要尽可能地为彼此互不相识的客人多创造一些相识的机会，并且积极为其牵线搭桥，充当引见者，即介绍人。应当注意的是，介绍他人相识，必须了解彼此双方是否有此心愿，而切勿一厢情愿。

（3）安排服务者　小型的自助餐，主人往往可以一身兼二任，同时充当服务者。但是，在大规模的自助餐上，显然是不能缺少专人服务的。在自助餐上，直接与就餐者进行正面接触的主要是侍者。

根据常规，自助餐上的侍者须由健康而敏捷的男性担任。侍者的主要职责是：为了不使来宾因频频取食而妨碍了同他人所进行的交谈，主动向其提供一些辅助性的服务。比如，推着装有各类食物的餐车，或是托着装有多种酒水的托盘，在来宾之中巡回走动，而听凭宾客各取所需。再者，他还可以负责补充供不应求的食物、饮料、餐具等等。

（二）自助餐的享用

所谓享用自助餐的礼仪，在此主要是指在以就餐者的身份参加自助餐时，所需要具体遵循的礼仪规范。享用自助餐的礼仪对绝大多数人而言，往往显得更为重要。通常，它主要涉及下述八点。

1. 排队取菜　在享用自助餐时，尽管需要就餐者自己照顾自己，但这并不意味着他可以因此而不择手段。实际上，在就餐取菜时，由于用餐者往往成群结队而来的缘故，大家都必须自觉地维护公共秩序，讲究先来后到，排队选用食物。不允许乱挤、乱抢、乱加队，更不允许不排队。在取菜之前，首先要准备好一只食盘。轮到自己取菜时，应以公用的餐具将食物装入自己的食盘之内，然后即应迅速离去。切勿在众多的食物面前犹豫再三，让身后之人久等，更不应该在取菜时挑挑拣拣，甚至直接下手或以自己的餐具取菜。

2. 循序取菜　在自助餐上，如果想要吃饱吃好，那么在具体取用菜肴时，就一定要首先了解合理的取菜顺序，然后循序渐进。按照常识，参加一般的自助餐时，取菜时标准的先后顺序，依次应当是：冷菜、汤、热菜、点心、甜品和水果。因此在取菜前，最好先在全场转上一圈，了解一下情况，然后再去有所选择地取菜。如果不了解这一合理的取菜的先后顺序，而在取菜时完全地自行其是，乱装乱吃一通，难免会使本末倒置，咸甜相克，令自己吃得既不畅快又不舒服. 举例而言，在自助餐上。甜品、水果本应作为"压轴戏"，最后再吃。可要是不守此规，为图新鲜，而先来大吃一通甜品、水果，那么立即就会饱了，等到后来才见到自己想吃的好东西，很可能就会心有余而力不足，只好"望洋兴叹"。

3. 量力而行　在享用自助餐时，遇上了自己喜欢吃的东西，只要不会撑坏了自己，完全可以放开肚量，尽管去吃。不限数量、保证供应正是使自助餐大受欢迎的地方。因此，教师在参加自助餐时，大可不必担心人笑话自己，爱吃什么，只管去吃就是了。不过，应当注意的是，在根据本人的口味选取食物时，必须量力而行，切勿为了吃得过瘾而拿过多食物，结果是自己"眼高手低"，力不从心，从而导致了食物的浪费。严格地说，在享用自助餐时，多吃是允许的，而浪费食物则绝对不允许。这一条，被世人称为自助餐就餐时的"少取原则"。亦称"每次少取原则"。

4. 多次取菜  在自助餐上遵守"少取原则"的同时，还必须遵守"多次原则"。"多次原则"，是"多次取菜原则"的简称，它与"少取"相辅相成，可以"多次"就是为了"少取"。它的具体含义是：用餐者在自助餐上选取某一种类的菜肴，允许其反复去取。每次应当只取用一小点，待品尝之后，觉得它适合自己的话，那么还可以再次去取，直至自己感到吃好了为止。换而言之，在自助餐选取某种菜肴时，去取多少次都无所谓，一添再添都是允许的。相反，要是为图省事而一次取用过量，装得太多，则是失礼之举，必定会令其他人瞠目结舌。"多次原则"，与"少取原则"其实是同一个问题的两个不同侧面。"多次"是为了量力而行，"少取"也是为了避免造成浪费。所以，二者往往也被合称为"多次少取原则"。会吃自助餐的人都知道，在选取菜肴时，最好每次只为自己选取一种。待吃好后，再去取用其他的品种。要是不谙此道，在取菜时乱装一气，将多种菜肴盛在一起，导致其五味杂陈，相互串味，则难免会暴殄天物。

5. 不得外带  所有的自助餐，不论是以之待客的由主人亲自操办的自助餐，还是对外营业的正式餐馆里所经营的自助餐，都有一条不成文的规定，即自助餐只允许就餐者在用餐现场享用，而绝对不许在用餐完毕之后携带回家。教师在参加自助餐时，一定要牢牢记住这一点。在用餐时不论吃多少东西都不碍事，但是千万不要偷偷往自己的口袋、皮包里装上一些自己的"心爱之物"，更不要要求侍者替自己"打包"。那样的表现，必定会使自己见笑于人。

6. 送回餐具  在自助餐上，既然强调的是用餐者以自助为主，那么用餐者在就餐的整个过程之中，就必须将这一点牢记在心，并且认真地付诸行动。在自助餐上强调自助，不但要求就餐者取用菜肴时以自助为主，而且还要求其善始善终，在用餐结束之后，应自觉地将餐具送至指定之处。在一般情况下，自助餐大都要求就餐者在用餐完毕之后、离开用餐现场之前，自行将餐具整理到一起，然后一并将其送回指定的位置。在庭院、花园里享用自助餐时，尤其应当这么做。不允许将餐具随手乱丢，甚至任意毁损餐具。在餐厅里就座用餐，有时可以在离去时将餐具留在餐桌之上，而由侍者负责收拾。虽则如此，亦应在离去前对其稍加整理为好。不要弄得自己的餐桌上杯盘狼藉，不堪入目。自己取用的食物，以吃完为宜。万一有少许食物剩了下来，也不要私下里乱丢、乱倒、乱藏，而应将其放在适当之处。

7. 照顾他人  教师在参加自助餐时，除了对自己用餐时的举止表现要严加约束之外，还须与他人和睦相处，多加照顾。对于自己的同伴，特别需要加以关心。若对方不熟悉自助餐，不妨向其扼要地进行介绍。在对方乐意的前提下，还可向其具体提出一些有关选取菜肴的建议。对于在自助餐上碰见的熟人，亦应如此加以体谅。不过，不可以自作主张地为对方直接代取食物，更不允许将自己不喜欢或吃不了的食物"处理"给对方吃。在用餐的过程中，对于其他不相识的用餐者，应当以礼相待。在排队、取菜、寻位以及行进期间，对于其他用餐者要主动谦让，不要目中无人，蛮横无理。

8. 积极交际　一般来说，参加自助餐时，教师必须明确，吃东西往往属于次要之事，而与其他人进行适当的交际活动才是自己最重要的任务。在参加由单位所主办的自助餐时，情况就更是如此。所以，不应当以不善交际为由，只顾自己躲在僻静之处一心一意地埋头大吃，或者来了就吃，吃了就走，而不同其他在场者进行任何形式的正面接触。在参加自助餐时，一定要主动寻找机会，积极地进行交际活动。首先，应当找机会与主人攀谈一番。

其次，应当与老朋友好好叙一叙。同时，还应当争取多结识几位新朋友。在自助餐上，交际的主要形式是几个人聚在一起进行交谈。为了扩大自己的交际面，在此期间不妨多转换几个类似的交际圈。只是在每个交际圈，多少总要待上一会儿，不能只待上一两分钟马上就走，好似蜻蜓点水一般。

介入陌生的交际圈大体上有三种方法。第一，请求主人或圈内之人引见。第二，寻找机会，借机加入。第三，毛遂自荐，自己介绍自己加入。不管怎么说，加入一个陌生的交际圈，总得先求圈内之人的同意。愣头愣脑地硬闯进去，未必会受到欢迎。

## 第六节　教师的交通礼仪

交通，往来通达之谓也。在日常工作中，教师不论是进行何种活动，往往都与交通不无关系。不论个人徒步行走，还是乘坐公用交通工具，教师均需要自觉地遵守必要的礼仪规范。不遵守必要的交通礼节，既会破坏交通秩序，也会因此而给人以表里不一、缺乏自律之感。交通礼节是对与交通相关的各种具体的礼仪规范的一种泛称。对教师而言，应认真掌握并遵守的基本交通礼节主要集中在徒步行走、驾驶汽车、乘坐汽车、乘坐轮船以及乘坐飞机五个具体方面。

## 一、徒步行走

徒步行走，又称步行或者走路。对于每一位正常人来说，徒步行走无一例外都是其平日进行活动的基本方式。教师平常在徒步行进时，尤其是在公共场所或室外正规的道路上徒步行走时，对于基本礼仪规范必须有所了解。更为重要的是要在下述四个方面端正自己的态度。

（一）遵守交规

在室外的道路上行走时，尤其是在交通干道上行走时，教师首先必须严格地遵守交规。交规是对交通规则的简称。所谓交通规则，是由国家为了确保交通的顺畅与安全，而专门规定出来以供全体社会成员共同遵守的有关交通的章程制度。遵守交规是每一位公民义不容辞的义务，每一名教师自然也不应当有所例外。

教师在遵守交通规则时，尤其需要认真注意下列五个方面的问题：

1. 走人行道行道　若是没有明显的人行道时，在室外行走时，一定要尽量靠路边行走，千万不要在机动车道上行走，更不要行走在交通干道的正中央，或者有意与车辆抢夺道路。

2. 靠右行走  为了确保交通的顺畅，我国规定，不论行人还是车辆，在道路上一律靠右侧行进。在室外行走时，特别是在正规的道路上行走时，教师一定要切记此点。

3. 走过街道  需要横穿道路时要走指定的过街人行横道，或是专用的过街天桥、地下通道等等。千万不要随随便便地横穿马路，或是任意跨越专用的隔离栏。

4. 看红绿灯  按照交规，行人或车辆通过路口时，均应遵从红绿灯的指示。一般的做法是"红灯停，绿灯行"。对于这一点，既要了解，更要遵守。不要对此视若不见、贸然抢行。不论是否有人监督，均应遵守规定。

5. 服从管理  在路上行走时，教师切莫自高自大，我行我素。对于交通警察与其他交通管理人员善意的批评、教育，应当表现得心悦诚服。对对方的正常管理，不但要自觉服从，还应当积极予以配合和协助。

（二）明确方位

徒步行进时，方位方面有一定的讲究。在正式场合里，教师一定要重视这一点，并且要在平时努力养成良好的习惯，在行走时当前则前，当后则后，当左则左，当右则右。

行走时的方位问题，主要是在与其他人一道同行时才会有所涉及。对广大教师来讲，需要注意以下五点：

1. 单行行进  当多人一同单行行进时，通常以前排为上。因此，当教师与领导、长辈、贵宾一起单行行进时，应当自觉地随行于其后。唯有当对方初来乍到、不认路时，方可在前排为之引导带路。

2. 并排行进  假若许多人在一同并排行进时，其方位的讲究应视具体人数的不同而有所不同。当两人并排行进时，一般以内侧为上，即靠道路内侧、靠墙的位置较为尊贵。而当三人或三人以上并排行进时，则往往以中间为上。

3. 出入房门　当教师与其他人一同出入房门，特别是当自己以学生、晚辈、主人的身份陪同他人一起出入房门时，应当谨记"后入后出"的规则。即出于礼貌，自己应当在他人之后进入房门，在他人之后走出房门。

4. 上下楼梯　在一般情况下，上下楼梯，包括使用平面自动电梯时，教师一定要牢记"单行右行"的规则，即不要在楼梯上并行，不要不分左右横行霸道，或者居中而行，以免阻挡他人。礼貌的做法，是要单行行进，居右而行。另外，与领导、客人、长辈、女士、儿童一道走下陡梯时，为安全起见，还必须主动行走在前。

5. 进出电梯　使用升降式电梯，必须切记"先出后入"的原则，即电梯内的乘客出来之后，电梯外的人方可进入。陪同他人一同乘坐升降式电梯时，若其无人驾驶，陪同者通常应当先进后出，以便操纵电梯；若其有人驾驶，陪同者则应当后进后出。

（三）礼让他人

教师在徒步行进时，尤其是在大街小巷、公共场所行走时，难免会路遇他人。与他人一道行进时，一定要不分生疏，一律以礼相待，并且彼此谦让。

1. 不争抢道路　多人一同行走时，大都讲究先来后到，依次而行。若有急事，可轻声对身前之人道一声"对不起，请让一下"，然后侧身通过，并向对方随后道谢。切勿争先恐后，横冲直撞，而毫不在乎其他人的存在。

2. 不阻塞交通　在道路狭窄之处，应当快速通过，不要逗留。

要么席地而坐，要么徘徊不前，要么与人交谈之举均不宜。还须注意，不要在通过道路狭窄之处与通行者并行，尤其是不要与其勾肩搭背，搂抱而行。

3．不目无弱者　徒步行走时，对于老、弱、病、残和妇女、儿童，教师不但应当礼让，而且还应当在必要时主动对其加以照顾。对于问路的外地人、外国人，更是应当有求必应。

4．不蛮横无理　在道路上或者公共场所内行进时，教师一定要礼待他人，以保持风度。通过狭窄之处或门庭时，可请他人率先通过。需要让路时，应当立即采取行动。不小心碰撞、踩踏别人之后，则应立即向对方致歉。得到他人的礼让、帮助后，应当道谢。切不可自高自大、目中无人，待人蛮不讲理。

（四）严于律己

即便是一个人独来独往，教师外出行进之时亦应对自己严格要求，在种种细微之处好自为之。除了要严格遵守交规和礼让他人之外，还必须注意以下四点。

1．忌手舞足蹈　自己神经兮兮，而且搞不好还会在人多之处手舞足蹈，不但因此而冒犯他人，进而酿成事端。

2．忌吃吃喝喝　在行走之时大吃大喝，不仅吃相不雅，而且必定不够卫生，因而有损于个人健康。在人多之处这么做，有时还会妨碍于人。

3．忌过度亲昵　与异性外出时，教师务必对个人举止多加检点。不要在大庭广众之前表现得过分亲热，使自己既显得轻浮浅薄，又令他人不堪入目。

4．忌围观尾随　外出行进时，为了自觉维护公共秩序，教师切莫少见多怪，动辄在街头巷尾围观、起哄。不要对陌生人过分好奇，极其失礼地对对方指点、议论，或者长时间地尾随其后。

## 二、驾驶汽车

在现代生活中，越来越多的人钟情于汽车驾驶。对许多教师而言，驾驶车辆外出早已不仅仅是工作的一种手段，而是提高生活质量与生活效率的一大乐趣。驾驶汽车时，每一名教师都必须牢记出行有礼、礼让三先，时时刻刻不放任自己忘乎所以、目中无人。要注意做到技术合格、服从管理、安全驾驶、礼让他人。

（一）技术合格

在世界各国，驾车上路均应提前取得正式的资格，并进行系统的知识学习、技术培训与正规考试。技术不合格者，绝对不允许驾驶汽车外出。

具体而言，每一名驾驶汽车的教师均应一丝不苟地对待下述各点。

1. 掌握驾驶技术　掌握熟练的驾驶技术，是每一名驾驶汽车的教师畅行无阻的前提条件。只有在驾驶车辆的过程中找到"人车一体"的感觉，并且能够逐渐对车辆的速度、位置，车辆所在的空间及其与周边的各种动态、静态物体的间距了然于心，才算是自己车辆的真正的主人。

2. 精心维护车辆　任何一名具有责任心的驾驶汽车的教师，都必须爱车如己，精心地对自己驾驶的车辆进行定期或不定期的保养、检查与维护。经验证明：车辆自身状况好坏、涉及行车安全的相关部件是否齐全有效，往往是发生交通事故与否的关键因素。

3. 取得正式资格　根据《中华人民共和国道路交通管理条例》

的规定，我国的每一名机动车驾驶者，均需经过车辆管理机关考试合格，领取驾驶证后，方可驾驶车辆。申请机动车驾驶证时，申请者在身体条件、技术掌握、交规学习、手续合法等方面，必须符合规定。此外，我国还规定：对机动车驾驶者进行定期审验。

（二）服从管理

教师驾驶汽车外出时，如欲高兴而出、满意而归，就必须认真遵守有关规定，虚心接受管理。

遵守规定《中华人民共和国道路交通安全法》规定：我国的每一名机动车驾驶者都必须自觉地遵守如下几点：

1. 驾驶人应按照驾驶证载明的准驾车型驾驶机动车；驾驶机动车时，应随身携带驾驶证和行驶证。

2. 驾驶人驾驶机动车上路行驶前，应对机动车的安全技术性能进行认真检查；不得驾驶安全设施不全，或机件不符合技术标准等具有安全隐患的机动车。

3. 饮酒后，服用国家管制精神药品或者麻醉药品，或者患有妨碍安全驾驶机动车的疾病，或者过度疲劳影响安全驾驶者，不得驾驶机动车。

4. 机动车驾驶人应遵守道路安全法律、法规的规定，并按照操作规范安全驾驶、文明驾驶。

5. 应定期接受公安机关交通管理部门对机动车驾驶证的审验。

## 三、乘坐汽车

在日常生活里，教师乘坐汽车的机会甚多。在正常场合乘坐汽车时，上下车的顺序、就座时的座次、在车上的表现等，无一不与

礼仪密切相关。以下，就来

简介一下乘坐公共汽车、轿车以及地铁时，教师应当恪守的主要礼仪规范。

（一）上下车的顺序

上下汽车时，顺序问题十分重要。从总体上讲，上下车时必须注意礼让他人。但是具体来说，车辆的类型不同，则又有其各不相同的具体讲究。

在乘坐公共汽车或地铁时，需要注意的有关顺序的礼仪问题主要有四：

1. 上车依次排队　需要上车的人数较多时，一般讲究先来后到，排队依次上车。唯有老、幼、病、残、孕者，方可优先上车。在理当排队上车时，切勿蜂拥而上，不讲顺序地与别人乱挤，也不要加队。

2. 注意先下后上　在上下车时，一般的惯例是"先下后上"。它的含义是当车上的乘客首先下车后，车下的乘客方可随后上车。假如不守这一规矩，上下车的乘客就会混乱不堪，而且还会浪费大家的时间。

3. 在指定处上车　上车时，必须寻找规定之处。不允许有门不走，反而爬窗而入。有些无人售票的汽车要求乘客"前门上，后门下"，或者"中间上，两边下"，乘客切不可反其道而行之。

4. 下车提前准备　需要下车时，应当提前有所准备，主动向车门靠近，不要在车停之后才急忙这样做。倘若有不少人同时需要下车，则亦应讲究先来后到的顺序，自觉地依次下车。

（二）就座时的座次

在汽车上就座时，如有他人同时在座，通常应当对具体座次的尊卑适当地加以注意。具体而言，乘坐轿车较搭乘公共汽车与地铁往往更为讲究。

乘坐公共汽车或地铁时，在座次方面的基本讲究大致包括如下五条：

1．前面的位置高于后面的位置。在公共汽车或地铁的某一节车厢内就座时，因前面的位置颠簸较少，故其被视为上座。

2．面向前方的位置高于背对前方的位置　在车上就座时，面向前方的位置令人舒适，背对前方的位置则令人别扭，所以前者高于后者。

3．位于右侧的位置高于位于左侧的位置　由于"以右为尊"是国际普遍使用的位次排列规则。因此，当车上的座位在车厢两侧面对面时，一般应根据车辆行驶的方向为准，以位于右侧的位置较位于左侧的位置为高。

4．位于内侧的位置高于位于外侧的位置　当车上的每排座椅规定不止一人就座时，通常认为受干扰较少的内侧座位较受干扰较多的外侧座位为高。在一般情况下，临窗的座位因其视野最佳，故被视为车上的最佳座位。

5．正式的座椅高于临时的座椅　在有些车辆上，座椅有正式与临时之别。在正常情况下，大凡正式的座椅均在座次排列上优于临时的座椅。

## 四、乘坐火车

在远距离外出时，中国人目前主要选择乘坐经济实惠的火车，广大教师自然也不会例外。在乘坐火车时，不但旅程漫长，时间较久，而且乘客甚多，难免你来我往，彼此接触较多，因此教师有必要学习并掌握基本的乘坐火车的礼仪。

（一）持票就座

乘坐火车时，不论任何人，均应自觉地持票上车就座，具体而言，有以下四点必须牢记不忘。

1. 预先购票上车　教师在乘坐火车之前，必须依照规定预先购买车票。万一来不及购票，应在上车之前预先进行声明，并且在上车之后尽快补票。持月票、磁卡通票上火车时，亦应按规定将其出示，进行检票或验票。不允许逃票，或者使用废票或假票。

2. 乘坐指定车次　按照常规，持票乘坐火车时，只能够乘坐票上所作的规定车次。这主要与乘客所支付的乘车费用直接相关，而且也是防止乘客因误乘火车而南辕北辙的必要措施。

3. 乘坐指定座位　在同一列火车上，卧铺与坐席、软席与硬席、空调车厢与非空调车厢等，往往在舒适程度、服务标准方面存在一定的差别。其票价当然也不可能完全一致。

因此，教师在乘坐火车时，只能在指定的车厢、指定的铺位或座位上就座。千万不要耍小聪明，企图占用更为舒适的位置。

4. 每人一票一座　在一般情况下，人们在乘坐火车时，只能够一个人占用一个座位或者一个铺位。在火车满员或者超载时，尤其应当强调这一点。教师在乘坐火车时，不要指望多占座位，而漠视其他无座位者的存在。当车上乘客超载时，大家应当互谅互让。

（二）位次尊卑

必要时，教师应当主动为老、幼、病、残、孕者让座，或者为其他无座的乘客腾出一些地方请对方暂时休息一下。与别的交通工具进行比较，火车上的位次尊卑问题相对而言不甚明显。

但是，这并不等于乘坐火车时可以对位次的尊卑毫无讲究。在具体确定火车上的位次时，有如下四点应当予以注意：

1．舒适之处为上　在火车上，较为舒适的车厢和座位理当被视为上座。例如，卧铺较坐席为佳，软席较硬席为佳，空调车厢较非空调车厢为佳等。

2．方便之处为上　火车上行动方便的位置，一般都被视为上座。就坐席而言，内侧的位置高于外侧的位置。就卧铺而言，下铺高于中铺，中铺则又高于下铺。

3．面向前方为上　不管是卧铺还是坐席，在火车上均以面对火车行驶的方向为上位，而以背对火车行驶的方向为下位。究其原因，主要在于前者令人感觉比较自然。

4．临窗之座为上　乘坐火车时，假定靠近车窗就座，不仅视野开阔，可以饱览窗外的山川秀色，而且空气清新，可以使人免于晕车，故此这一位置被视为上座。

（三）重在休息

由于乘坐火车者大多是在进行长途旅行，为了保存体力，一般而言，休息乃是人们乘车时的第一要旨。不论自己精力多么充沛，广大教师乘坐火车时均应切记此点。

1．细声细语　在火车上，不论平时还是在休息的时间里，都要尽量保持安静，不要无意之中制造了有碍他人休息的噪音。在交谈时，应当尽量调低自己的音量。在收听音乐、打扑克牌、把玩游戏机或者接打电话时，声音越小越好。即使走动、取物、开关门，也要轻手轻脚。

2．管好孩子　有时，教师在外出乘坐火车时会带上自己或亲朋好友的孩子。在这种情况下，一定要自觉地管理好所带的孩子。

不要任其哭闹或到处乱跑，扰乱其他乘客的休息，尤其是不要有意逗弄孩子大喊大叫。与其他乘客所带的小孩玩耍时，亦须注意相同的问题。

3. 与人方便　当自己身边的乘客显得疲倦困乏或者已在休息时，要想方设法避免对对方造成干扰，尽量减少自己的走动，更不要反反复复地开灯、关灯，在此时收拾整理自己随身携带的物品，是极不自觉的表现。万不得已需要走动时，不要碰撞对方或者请求对方挪动位置。不要找对方交谈。当自己在卧铺上就寝时，应当头部朝向通道。

（四）举止适度

倘若使自己双脚朝外，睡相既不雅致，又会影响在通道上行走的其他乘客。教师在乘坐火车时，务必对自己的举止行为严格进行要求。

在以下三点上特别应当加以注意：

1. 应对得体　在乘坐火车时，教师可以与自己周围的乘客在两厢情愿的前提之下进行适度的交际。主动找人交谈时，不要让对方勉强。他人找自己交谈时，一般应当予以合作。不论与任何人交谈，都要检点态度，注意内容，既不要目中无人、言词傲慢，也不要信口开河、东拉西扯。

2. 装束得体　教师乘坐火车时的具体装束，应当体现出本人的良好教养。在活动方便的前提下，必须对文明与否给予高度的重视。在外人面前，教师切不可失之于自尊，不可动辄赤膊，甚至在车上穿着过于短小的内裤招摇过市。需要更换衣服时，通常应当前往洗手间避人耳目。

3. 饮食得体　在火车上，教师对于享用饮食时的言谈举止需要时时加以注意。有可能的话，最好去餐车就餐。在车厢内用餐时，最好"速战速决"，并且不要享用气味刺鼻的食物。不要对自己剩余的食物置之不理，或者将其扔到地上、窗外等处。不要在车厢内吸烟，尤其是不要在禁烟的车厢内吸烟。当自己用餐时，可请身边的其他乘客加以品尝。而当对方如此对待自己，则宜婉言谢绝。

## 五、乘坐轮船

轮船，是水上交通的现代化工具。当教师需要跨越江河湖海，尤其是在进行旅游、观光时，乘坐轮船往往不失为一种合理的选择。教师在乘坐轮船旅行时，既要遵守通行于世的有关规则，又要对相关的礼仪规范有所了解。具体来讲，在确保安全、各就各位以及和睦相处三方面，均应处处依礼而行。

（一）确保安全

乘坐轮船旅行时，安全第一是教师绝对不容忽视的。对于没有乘坐轮船经验的教师来讲，安全问题则更为重要。在乘坐轮船时所要特别注意的安全问题，主要具体涉及下列四点：

1. 上下有序　在上下轮船时，一定要按照先来后到的顺序排队，并且自觉地依次而行。在正常情况下，上船或下船时，都要争取与身前身后之人保持一定的距离，并且全神贯注、小心翼翼。这样做，既是为了讲究社会公德，也是为了确保安全。在上下船时假如一拥而上、乱挤乱跑，通过舷梯时就难以保证不出现闪失。此刻东张西望，对脚下毫不留神，则也有可能会险象环生。

2. 活动有忌　在乘船旅行途中，进行室外活动亦有一定之规。

凡有碍安全的地方，均应敬而远之，切勿为了逞英雄、充好汉而去拿自己的生命安全冒险。诸如船上的轮机舱以及桅杆、救生艇等处，都不是可供常人观光戏耍之处。至于没有护栏之处，则更是不宜只身前往。在夜深人静或者风大浪险之际，尽量不要在甲板上自我陶醉、流连忘返。否则，被风浪无情地卷入水中，或者失足落水的可能性都是很大的。

3. 禁止离船　乘船途中，若未经允许，任何乘客均不得擅自离船进行自由活动，尤其是严禁不告而别。以下两种擅自中途离船的情况，特别应当被禁止。一是擅自下水游泳。当轮船所在的水域状况不甚明了时，下水游泳无异于自投罗网。二是擅自登陆上岸。在轮船因故暂时靠岸，而禁止乘客登陆时，切勿反其道而行之。否则，就很有可能会使自己在此地离队失踪。

4. 逃生有法　万一在乘船旅行途中遇上了难以预料的天灾人祸，例如撞船、触礁、劫船、沉船、台风、火灾等，教师一定要处变不惊，与其他乘客一起同舟共济，进行自救，并且在力所能及之时给予他人援助。需要弃船逃生时，应当听从船员的指挥，不要惊慌失措，夺路而逃，更不要急不择路。

（二）各就各位

在乘坐轮船时，具体的顺序、座次有着一定的讲究。教师对于这一方面的礼仪规范，必须了解并遵守。

在如下三个方面，尤其不可大意：

1. 上下轮船的顺序　在上下轮船时，顺序上是有一定讲究的。除了要遵守先来后到，依次排队而行的规定之外，与同行者的先后顺序通常颇有讲究。正确的做法是：在上船时，应当主动请同行之人在前而行，尤其是应当请同行的领导、客人、长辈、妇女、儿童走在自己的前面。而在下船通过旋梯时，则应当自己在前而行，而请同行之人走在身后，尤其是应当请同行的老师、长辈、妇女、儿童走在自己的后面。

2. 客舱之内的位次　在船上专供乘客休息的客舱，是分档次、讲位置的。根据常规，以垂直于水平面而论，越是往上的舱位越是舒适，其位次因而也就越高。在同一平面的舱位之中，单人间通常优于多人间，多人间则又优于通铺。在同一档次的舱房之中，距离通道出口处越近，一般位次便越高。而就普通的多人住宿的客舱来讲，卧铺高于坐席，软席高于硬席，下铺高于上铺，空调席高于非空调席。具体到一间多人住宿的客舱内，则以距离舱门远者为上位，距离舱门近者为下位。

3. 就座于规定之处　在轮船上，不同档次的舱位通常在票价上相距甚远。因此，凡购买标有座号、铺号的船票者，均应自觉对号入座。不要占据争抢不属于自己的位置，也不要随便与其他不相识的乘客互换座号、铺号。倘若自己所持的是散座船票，则上船后应当在指定之处就座，一人一座。既不要多占位置，也不要再三调换自己的位置。

## 六、乘坐飞机

飞机，是目前最为先进的交通工具。它一方面具有安全可靠、快速便捷、轻松舒适等显著的优点，另一方面对其乘客在礼仪方面也有着更高的要求。在日常生活里，普通教师乘坐飞机的机会并非很多。正因为平时缺乏乘坐飞机的经验，所以教师更有必要认真而系统地学习乘坐飞机的礼仪。教师所应掌握的乘坐飞机的礼仪，具体而言，主要涉及严守规定、尊重他人、自尊自爱三方面。

（一）严守规定

为了确保飞机的飞行安全，民航方面对于乘客在乘坐飞机时的表现，有着一系列的具体要求和规定。对此如果违反，有时不仅会受到严厉的批评，而且还有可能被依法进行惩处。

1. 购买机票的规定　在我国境内购买机票时，必须出示有效证件，如居民身份证、工作证等，否则不能购票。购买机票时，必须在其上面填写购票者的真实姓名。购票之后，可以按规定退票，但不得对其自行涂改，或者转让他人。

2. 乘客行李的规定　因飞机载重有限，所以对乘客随身携带或交付托运的行李，都有专门的规定。在我国，持头等舱票者，每人可随身携带两件物品。持公务舱或经济舱者，每人则只可随身携带一件物品。每件物件的重量不得超过 5 公斤，其体积应限制在长 55 厘米、宽 40 厘米、高 20 厘米之内。乘坐飞机时，每位乘客均可免费托运一定数量的行李。具体的数额是头等舱 40 公斤，公务舱 30 公斤，经济舱 20 公斤。超额的行李则应付费托运。凡托运的行李，每件不得重于 50 公斤。除包装完好之外，其体积应限制在长 100 厘米、宽 60 厘米、高 40 厘米之内。凡违规物品，均不得私自交付托运。

3. 登机检查的规定　在登上飞机之前，每位乘客均应依照有关规定接受例行的检查。一是要出示登机卡与个人有效证件。二是要接受个人安全检查。所谓安全检查，指对每一位乘客及其随身随带物品进行的以维护航空安全为目的的技术检查或者手工检查。按照规定，枪支、弹药、刀具、利器、易燃易爆物、剧毒放射物以及涉毒涉黄之物，均不得携带登机。

4．乘机期间的规定　乘机旅行期间，对于所有乘客亦有一定的规定。在飞机起飞或降落时，应在座位上坐好、系上安全带、调直座椅，并且收起身前的小桌板。当飞机颠簸时，不要起身站立、四处走动，或者使用卫生间、取放个人行李。凡禁止触动之处，均不得随意乱摸乱动。机上专用的救生用品，不得私自携带下机。在飞行期间，一切有碍于飞机正常工作的电子用品，诸如手机、呼机、录音机、电视机、个人电脑、电子玩具、电子游戏机等，均不得使用。

（二）尊重他人

乘坐飞机期间，教师必须处处注意尊重其他人，否则就会使自己显得少调失教，从而贻笑大方。

1．尊重机场工作人员　教师在上飞机之前、下飞机之后，都要始终如一地对机场工作人员表示应有的尊重。享受对方所提供的服务之后，要向对方道谢。得到对方的帮助之后，亦应不忘致谢。接受对方的检查时，则应全力进行配合，既不要有意为难对方，更不要借机对对方吹毛求疵。

2．尊重机上乘务人员　乘机期间，对机上的所有乘务人员，不论对方是同性还是异性，都要礼貌有加。在上下飞机时，对于来自对方的问候要积极回应。当对方为自己送上食物、饮料、书刊、纪念品时，勿忘向其道谢。请求对方帮助时，不要给对方出难题。可以自己解决的问题，则最好不要去麻烦对方。当对方对自己提出建议时，一般均应欣然接受，而不宜顶撞对方。

3．尊重其他同行乘客　乘机旅行的时间通常较短，因此在机上与其他乘客进行交际的时间较少。

虽则如此，亦应注意下列五点：第一，上下飞机要排队依次而行。第二，在机上走动或摆放行李时不要阻挡别人。第三，不要因为个人行为不检点而影响别人休息。第四，不要盯视、纠缠异性或者外宾。第五，不要拒绝与别人进行交谈。

（三）自尊自爱

教师在乘坐飞机期间，必须注意以实际行动体现自己的自尊自爱。在下列六点上，尤应多加注意。

1. 不要大声喧哗　当别人休息时，尤其是飞机在夜间飞行时，千万不要高声谈笑、喋喋不休或放声高歌，从而有碍于其他乘客的休息。此时如有必要说话，则声音越低越好。

2. 不要危言耸听　在飞行期间，不要对飞机的性能说三道四，尤其是不要谈论有关劫机、撞机、坠机等问题。否则既吓唬了别人，还有可能因此而使自己违法。

3. 不要乱走乱动　不要在飞机飞行期间从座位上进进出出，或者在通道上走来走去。身前的小桌板、身后的椅靠，亦不得反复调试，以免令人厌烦。

4. 不要手脚乱伸　不论自己周围的座椅或通道上是否有人，均不应将自己的手脚随意乱伸出去。至于将身子躺在别人的座椅上或将自己的腿脚搭放上去，则更是不可以的。

5. 不要当众更换衣服　万一有必要在机上更换衣服，应前往洗手间进行，而不宜当众进行。随意在机上脱去鞋袜，虽说较为舒适，但因其污染空气，亦为不雅之举。

6. 不要占小便宜　在机上享用食物、饮料时，应当量力而行。机上专用的报刊、画册、毛毯、枕头、靠垫等物，均不得私自带下飞机，占为己有。

## 第七节　教师的礼品礼节

在教师的日常性的人际交往中，互赠礼品时有所见。在现实生活里，赠礼乃是人际交往中的一项重要活动。对教师而言，赠礼往往是一种双向的行为。即不单自己时常需要向他人赠送礼品，而且自己也时常需要接受他人所赠送的礼品。从本质上来看，在人际交往中向他人赠送礼品，主要是为了向对方表达自己的敬重、友好之意。与此同时，赠送礼品往往还有借物抒怀、表达情感、满足需求以及留作纪念之用。

应当说，教师在向他人赠送礼品是既容易，又不容易的一件事。说它容易，是因为赠送礼品这件事本身并不困难，准备好礼品，届时送上即可。说它不容易，则是因为要想使自己赠送给他人的礼品不但准确无误地传递自己意欲传递的信息，而且令对方既欣然接受又真心欣赏，是难上加难的。赠礼指的就是礼品赠送。在赠送礼品时，需要教师们掌握的基本礼仪规范主要涉及礼品的选择、礼品的赠送与礼品的接受三方面。

### 一、选择礼品

赠礼的第一步，是要首先进行礼品的选择。只有在选择礼品时严格而认真地遵守有关的礼仪规范，才能够使赠礼行为有所收效。在选择礼品时如果掉以轻心，或滥竽充数，则必然会直接破坏赠礼的效果。一般来说，教师在选择礼品时，有必要重视下列几个主要问题。

（一）量力而行

在选择礼品时，教师需要予以重视的最主要的问题，就是要从自己的实际能力出发，始终坚持量力而行的原则。与社会上的其他人士相比，大部分教师并不属于经济非常阔绰的阶层。因此，教师在选择礼品时完全不必脱离自己的客观条件，不自量力地勉为其难。至于成心要装富摆阔，或者是要同社会上的富有一族进行攀比，则更是毫无必要。有道是"礼轻情义重"。教师在为自己的亲朋好友选择礼品时，一定要牢牢地记住这一点。换言之，在选择礼品时，教师要善于勤俭持家，坚决杜绝铺张浪费之习，要想方设法突出其特殊的纪念意义与独一无二的、丰富的情感内涵，而不是指望以其高价、高档而取胜。更加简单地讲，就是要少花钱，办好事。厉行节约，绝不乱花一分钱。

（二）突出特色

本着量力而行的原则，教师在选择礼品时还必须注重突出其特色。在选择礼品时，只讲究节约而对其特色漠然无视，往往也会出问题。

教师在选择礼品时要注重其特色，主要应当体现在如下三个方面。

1. 富有独创性　作为注重情感、崇尚情趣、讲究情调的一族，教师在选择礼品时一定要力求匠心独运，标新立异，与众不同。不论是礼品的具体品种还是赠送礼品的具体方式，都要反对千人一面，而应努力使之新、奇、特、异，与众不同。向别人赠送具有独特性的礼品，不但可以反映出自己对于对方的重视，而且也可以令对方耳目一新，爱不释手，久久难忘。讲究礼品的独创性，并不意味着非要去进行"高消费"。有些时候，亲手为他人制作一件小礼品，便等于"特别的爱给特别的你"。

2. 兼顾时尚性　在力所能及的条件下，送给他人的礼品还必须适当地兼顾时尚性，即可以酌情选择一些时下正在流行的物品作为礼品送人。有些时候，选择稍微前卫一些的东西送给别人也是可以的。应当注意的是，除非必要，通常不应当将目前早已过时的东西郑重其事地送给别人。将落伍之物充当礼品送给别人，往往会被视为以"处理品"搪塞对方，因而会被对方理解为含有对其应付或者轻视之意。

3. 具有针对性　但凡有经验的人都懂得，为他人选择礼品，理当投其所好。这便是所谓礼品的针对性。具体而言，若想使自己为他人选择的礼品具有针对性，就必须争取事先对对方有一定程度的了解，然后据此在选择礼品时优先考虑对方的兴趣、爱好或者实际需要。唯其如此，方能使自己赠送给对方的礼品适得其所，受到对方的真正青睐。例如，将一盘优质的西洋古典音乐的激光唱盘送给一位西洋古典音乐的爱好者，好比"雪中送炭"，必定会让对方欣喜若狂，但若是将它送给一名对西洋古典音乐一无所知的"音乐盲"，想要博得对方开心一笑恐怕也很困难。

（三）忌送之物

对于教师来讲，在选择送与他人的礼品时，千万不可因为一时疏忽而选择了忌送之物。不论是将社会上忌讳的物品还是受赠者忌讳的物品正式赠送予人，都有可能会冒犯对方。需要教师谨记的忌送之物，主要有下列四类：

1. 违法的物品　作为现代社会里受过良好教育的一员，教师们必须自觉地奉公守法。在任何情况下，教师们在选择礼品时，都不得使之与法律相抵触。涉毒、涉枪、涉黄以及涉及国家秘密、行业秘密的物品，绝对不允许相赠于人，更不可以明知故犯。将盗版、走私物品送人，亦为不可。不然的话，既会害了对方，又会害了自己。

2. 有害的物品　有些物品，虽不为法律所明文禁止，但对于人们的工作、学习、生活和身体健康，依旧是无益而有害的。如香烟、烈酒、性药，以及内容庸俗低劣的书刊、音像制品等，均属于此类物品。以之送人，尽管不算违法，但却难脱间接伤害对方的嫌疑。

3. 犯规的物品　明显触犯某些重要规矩的物品，在选择礼品时必须有意识地不予考虑。它们主要涉及下述五种物品。第一，触犯宗教禁忌的物品。第二，触犯民族禁忌的物品。第三，触犯地方禁忌的物品。第四，触犯行业禁忌的物品。第五，触犯个人禁忌的物品。以上述犯规之物贸然送人，将会直接有损于双方关系。

4. 残次的物品　送给他人的礼品，虽然不必一味追求高档、高价，让人叹为观止，但是也不应该轻易地将残次品出手相赠。自己已经用过的东西、过期失效的东西、淘汰废弃的东西、难以再用的东西，在一般情况下都有不应该再去送给别人。把旧物、废物、残货、次品送给别人，往往意味着不尊重对方的人格。

## 二、赠送礼品

教师必须意识到，抱有以下目的而向他人赠送礼品，都是不正确的：一是指望摆阔炫耀，二是指望收买人心，三是指望贿赂对方。

（一）选择时机

向别人赠送礼品的具体时机是非常讲究的。最重要的是切勿不分时机向他人乱送、滥送礼品。

对于教师来讲，在下列时机可以考虑向自己的交往对象赠送适当的礼品：

1. 向对方道贺时　当交往对象有可喜可贺之事时，比如晋级、乔迁、结婚、生子、获奖或者过生日时，均可相机向其赠送礼品，以便锦上添花。

2. 适逢节庆之时　在一些重要的节庆之日，例如，春节、妇女节、老人节、青年节、儿童节、护士节、建军节、父亲节、母亲节以及情人节时，可向自己的亲朋好友赠送礼品。

3. 初次登门之时　初次前往他人家中登门拜访，尤其当对方是自己尊敬的师长时，在力所能及的前提下，可以为对方略备薄礼。去外国人家里初次应邀作客时，特别需要注意这一点。

4. 依依惜别之时　当亲朋好友即将同自己分别远行之际，可以为对方准备具有纪念意义的礼品，以示"海内存知己，天涯若比邻。"

5. 进行慰问之时　当自己的至交挚友遭遇挫折或不幸，可在探访对方之际，向其赠送含有慰问、安抚、勉励之意的礼品。

（二）斟酌方式

向他人赠送礼品时，有必要重视具体的方式方法。在上前情况下，常规的送礼方式主要有下述三种。

1. 亲自赠送　向他人亲自赠送礼品，通常不仅最为普遍，而且也易于产生较好的反响。

2. 托人转送　当自己不能向受赠对象面交礼品，可委托双方或其中一方的熟人，将礼品转送给对方。

3. 付费代送　在必要之时，还可以通过付费的方式，委托邮局、快递公司、礼仪公司替自己代劳。

需要加以强调的是，向他人赠送的礼品，一般均应加以适当的包装。包装礼品，主要有四点好处：

第一，可以保护礼品。

第二，可以提升礼品的档次。

第三，可以增加礼品的神秘感。

第四，可以体现对礼品的重视。